내가 사랑한 것 중에
왜 나만 없을까

산배 단상집

산배 작가의 100가지 단상

"엄마가 사랑해 주신 만큼의 반만이라도
나를 사랑했더라면 행복해질 수 있었을까."

작가의 말

나보다 타인을 더 사랑했던 지난 삶을 되돌아보았습니다. 타인이 모두 떠나고, 혼자가 된 순간이 얼마나 두려웠는지 금방 스쳐 지나갈 시선과 말 한마디에 쉽게 사색이 되었던 때가 떠오릅니다.

사람으로 웃고 우는 삶 속, 나는 여전히 사람이 좋고 무섭습니다. 앞으로 덜 불안하기 위해선 자립심을 더 강하게 키워야겠지요. 어쩌면 외로움에 익숙해질 시기가 너무 이르게 다가온 것 같기도 합니다.

이번 책에서는 '삶의 순간', '사랑과 이별', '위로와 공감', '조언'을 끝으로 여러분께 다시 한번 깊은 여운을 건네드리고자 합니다.

인간관계에 많이 지치신 분들과 자존감이 낮으신 분들에게 힘이 될 글을 살포시 담았으니 차근차근 저의 문장 속에서 함께 걷길 바랍니다.

이젠 삶을 되돌아보며 지난날의 아쉬웠던 순간을 내려놓기도, 용서하기도 하며 행복해질 미래를 함께 꿈꿔 봅시다.

"당신에게 이번 책을 건네기 위해 뒤틀린 밤을 수없이 견디어 왔습니다. 소리 없이 홀로 아파해야 했던 순간조차 당신의 옅은 미소 한 번이라면 언제든 맞바꿀 수 있습니다. 주연을 빛내는 주연의 삶, 제게 어울리는 수식어를 고이 건네드리겠습니다."

차례

작가의 말 · 8

1장 삶이란 영화의 한 장면

엄마,	20
아빠,	22
잊고, 잃고, 앓고	24
가라	25
풍경 사이 너머	26
해방	27
가능성	29
벼랑 끝	30
겁 없는 강아지	32
소설 속 주인공	34
낭만	36
어떻게	37
반감	39
나란 사람	40
여백	42
소시오패스	44
망상	46
악당	48
담배	50

"나는 어떤 조연으로 살아가는가."

정리된 서랍	52
우물	54
동네	56
인연	57
미라	58
허망	60
연민	61
연기	62
공조	64
지독한 현실	66
욕심	67
버림받은 아이	70
음지의 꽃	72
이상한 애들	75
25살	77
인생	79
어쩌면	81
살다 보면	82

내게 사랑이란 이별이란 _____ 2장

정의	86
순간	88
사랑이란	90
이름	92
낭만적인 사랑	93
중심	95
탐구	96
겨울에 쓴 사랑	98
사랑의 연습	100
중독	102
사랑의 바보	104
유일	106

"사람이 뭐길래, 사랑이 뭐길래."

버팀목	108
계절	110
추락	112
만개	114
이별의 잠식	116
안녕이란 말	119
연인 관계	120
녹는점	122
가야 할 길	124
슬프지 않은 이별	126
절대 만나지 말아야 할 사람	128

당신도 나와 닮았다면 　　　　　　3장

살자	134
도망가자	137
책임감	138
연꽃	139
희미한 별	140
무의미함	143
찬란해질 시간	144
아프지만 마	146
오늘 밤	147
잘될 거야	149
사람과 환경의 관계	152
닮은 우리	154
걱정과 고민	156

"내가 있으니 혼자라고 생각하지 마."

너의 존재	157
다 큰 어른	159
삶, 경험, 빛	160
동반	162
믿음	164
척척박사	166
비가 오는 날	168
마음의 여유	170
외면	172
시야	174
괜찮지 않아	176
자초한 길	178
비처럼 내리는 꽃	180

힘을 뺀 채 살아가기　　　　　　4장

나는 해낸다　　　　　　　　　　184
모형　　　　　　　　　　　　　　187
사람　　　　　　　　　　　　　　188
후회　　　　　　　　　　　　　　190
실패한 작가　　　　　　　　　　192
지우개　　　　　　　　　　　　　194
우리가 진짜 힘든 이유　　　　　196
잃어가는 연습　　　　　　　　　198
말의 힘　　　　　　　　　　　　200
세상에서 가장 멍청한 짓　　　　202
나의 삶　　　　　　　　　　　　204
대신 살아갈 수 없기에　　　　　206
난생처음　　　　　　　　　　　　208
중위소득　　　　　　　　　　　　210

"가끔은 내려놓아도 괜찮아."

잊지 말아야 할 진실	214
새로운 안식	216
실행	218
술	220
포기	222
치매	224
대화	226
현재	227
사랑	229
인간관계론	230
처방	231
약속	232
잘 살아	234

"나는 어떤 조연으로 살아가는가."

1장, 삶이란 영화의 한 장면

엄마,

어떻게 나를 사랑해 주셨나요. 바라는 거라곤
'건강'하게 자라만 달라고 말씀해 주셨잖아요.

나는 엄마가 건네주신 사랑의 반만큼이라도
스스로를 아껴 주고 싶어요.

마음이 마음처럼 되지 않아,
삶이 구겨질 때가 많아요.

이러한 저의 구겨진 마음마저도 엄마께서는
마음 한편에 품으신 채 지내 오신 걸까요.

자신이 아니면 모든 사람을 '타인'이라고 칭하잖아요.
가족이란 수식어를 제외하면 저희도 다른 사람인데,
우린 자신을 사랑하는 게 왜 이리 어려운 걸까요.

그래서 우리의 인연이 이어진 걸까요,
자신에게 건네기 힘든 사랑을
서로에게는 건네줄 수 있어서요.

이 같은 사실을 깨닫고 미소 한 번 지어 봐요.

"나만 이상한 게 아니었구나.
누구에게나 어려운 일이었구나."

지금 나는 행복해서 웃고 있는 걸까요,
허무함에 놓인 걸까요, 엄마.

아빠,

닮고 싶은 모습이 있어요.

덤덤하게 자신의 삶을 받아들인
'어른의 모습'이요.

나는 여전히 받아들이지 못한
현실적인 문제가 많은 것 같아요.

변화라는 것에 부담을 가져
기존의 상황을 깨고 싶지 않아,
자꾸만 미루고 미루다 보니
이젠 뭐든 버겁기만 해요.

어떻게 하면 삶 속에 담긴 수많은 과제를 해결하고,
어른이라는 신분을 정의하며 살아갈까요.

주위 사람들은 많이 아파하고,
깨져야 한다지만
겁이 많은 나는 도망치기 바쁘네요.

아빠도 저와 같은 시절이 있으셨나요.

제게 보여 준 모습을 지니기까지
얼마나 많은 책임감을 짊어지고
부담감에 사로잡혀 쓰러져 보셨나요.

지난 삶으로 되돌아가,
고단했던 순간을 또다시 겪어낼
자신이 있으실까요.

불안한 아들이
방황 중에 가장 듣고 싶은 말,

"아빠는 언제부터 행복하셨나요?"

잊고, 잃고, 앓고

잊어야 한다는 마음으로 살아간다.
모든 것을 기억하기란 아픈 법이니까.

잃어야 한다는 마음으로 견뎌 낸다.
모든 것을 지니기란 버거우니까.

앓아야 한다는 마음으로 버텨 낸다.
모든 것을 익숙하게 받아들이기 위함이니까.

그저, 그렇게, 의미를 더하며 살아간다.
죽는 것보다 아픈 게 낫다는 걸 깨달았으니까.

가라

지나온 시간을 되돌아보지 말고,
현재의 귀중한 순간에 방황하지 말고,
당신을 기다리고 있는 행운을 향해 나아가라.

내게 이별이란
슬픔을 뒤로하고 당신을 응원하는 것,

네게 이별이란
슬픔을 짊어지고 애써 나아가는 것,

우리 그렇게 영영
슬퍼할 것처럼 살다,

서서히 잊혀 갈 때쯤
떨어진 이별에 예쁜 꽃이 피어나길.

풍경 사이 너머

어딜 그리 가시렵니까.

풍경 사이 너머, 청록의 색감에
사무치시려고 하시는 겁니까.

저곳이 그리 아름답진 않습니다.
모든 빛에는 아픔이 숨겨져 있습니다.

어쩌면 저 청록 또한,
당신의 짙은 색감을 탐내어
더 환히 빛을 발산하는 걸지도 모릅니다.

해방

언제쯤 마음 편히 웃을 수 있을까.

누군가 내 웃음을 탐내고 배 아파하며
마냥 축하해 주지 않는데,

누군가 내 설움에 만족해하며,
과하게 환영하는데 행복해질 수 있을까.

이처럼 남들 몰래 웃고 우는 삶 속에서
간절히 도망쳤는데,

공허함과 외로움을 폭식하여
허기진 구토를 내뱉는 건 무슨 이유일까.

그러다 또다시 맞닿은 인연으로 질식하길 반복.
정말 지친다. 사람도, 삶도.

"당신도 그럴까,
나도 당신께 그런 존재일까,
우리가 원하는 건 서로에 대한 해방일까."

가능성

무언가를 간절히 바라는 사람에게
'희망이란 수식어'는 어떤 의미일까.

자신의 상황이 나아지고 있다고 믿으려나,
나처럼 마음만 심란해지는 요소로 생각하려나.

가능성 없는 희망이 여러 번 삶을 훼방했기에,
더 이상 포기하지 말란 암묵적인 신호가
때론 괴롭고 두렵게 느껴진다.

이젠 버티지도 못할 만큼 버거운데
힘을 계속해서 쏟아내라 외치는 마음 따라
또 한 번 자신을 속이며 나아갈 뿐이다.

아파할 걸 알면서도 살아야 하니까.
머금고 있는 설움도
달콤하게 여겨질 만큼 익숙하니까.

벼랑 끝

사람이 지치고 힘들다 보면
'벼랑 끝에 서 있는 기분'이라 표현한다.

나는 그 말을 듣고 의아해했다.
죽음도 아닌 '하나의 과정 속'
모든 걸 잃은 것처럼 슬퍼하는걸.

끝끝내 이루지 못하더라도
다시 시작하면 되는 건데
뭐 하러 알 수 없는 미래를 두려워할까.

지난 과거의 거만함은
그들의 힘듦을 무시하기 바빴다.

하지만, '살다 보면 그런 날도 있는 거지'와 같은 말은
최선을 다해 실패한 사람에게 건네면 안 됐다.

내가 그들과 같이 세상에 당해 보니
벼랑 끝에 서 있는 기분을 느껴 보니 알겠더라.

'최선', '희망', '다시' 이 말이 얼마나 두렵고
나를 멈춰 세울 수 있는 단어인지.

경시하게 바라봤던 눈길이
내게 쏠리니 숨이 더욱 막혔다.

나는,

당신은,

이러한 관점을 깨닫기 전
얼마나 많은 사람에게 공포를 더해 줬을까.

셀 수 없는,
보이지 않는 아픔을
서로에게 건네준다는 게
애석하기 짝이 없다.

겁 없는 강아지

가볍게 산책을 하던 도중
풀숲에서 뛰어나온 강아지와 마주했다.

서로가 놀란 나머지 순간 뒷걸음질을 쳤고,
나는 발을 헛디뎌 그만 넘어지고 말았다.

그 모습을 보고 강아지는 미안했는지
주변을 서성이길 바빴다.

"괜찮아, 갈 길 가렴."

손을 흔들며 이별을 고했지만,
강아지는 내게 꼬리를 흔들며 인사를 했다.

"반갑기는 무슨········"

겁도 없는 걸까, 자신보다 덩치가 몇십 배 큰
처음 본 존재에게 다가간다는 건 쉽지 않을 텐데.
녀석은 뭐가 그리 좋다고 내 주윌 맴돌았던 걸까.

그래, 이 작은 존재마저
두려움 없이 넓은 세상에서 살아가는데,
나라고 못 할 게 뭐가 있나.

겁 없는 강아지, 겁 많은 인간의 짧은 만남,
비록 얘기를 나눌 순 없었지만 값진 순간이었다.

체격의 차이를 극복할 '용기'
어떤 상황에서도 누굴 반기는 '선행'
마지막으로 아플 때 떠나지 않는 '위로'

그날 하루를 영영 잊을 수 없을 것이다.

소설 속 주인공

누군가 '인생은 한 편의 영화'와 같다는데,
내 인생은 지루한 이야기가
가득 담긴 한 편의 소설 같다.

사람들의 선택을 받지 못해, 금방 파쇄될 책.
읽어 줄 거란 기대는 하지 않게 된다.
설레는 마음은 기대감과 비례하여
실망감을 증폭시키기도 하니까.

책도 손길이 닿지 않으면 변질된다는데,
기록을 도운 잉크가 옅어진다면,
아픔이 덜한 작품으로 남겨질까.

아니면 난 비운의 소설 속 주인공으로
다시 해석되어 두 번의 상처를 받을까.

함께 널브러져 있는 책들도 모두 같은 마음이려나.
오히려 잊히고 싶은 마음에 아무 말도 하지 않고
회고가 사무치길 기다린다.

"아, 내 삶이 남들보다 특별하고, 더 힘들고
벅찰 줄 알았는데 사는 게 다 똑같은 결말이구나."

낭만

매일 이별하며 살고 있다.
떠나보낸 것도, 떠나온 것도,
붙잡지 않은 것도 아닌데
손길엔 허한 냉기만이 가득하다.

계절은 돌고 돌아, 때에 맞춰 돌아오는데
우린 가을과 겨울, 시들고 지는 시기에 멈춰 있나.
어째서인지 꽃은 피어나지 않고,
고갤 숙인 채 잎을 길게 늘어뜨려 놓을 뿐이다.

야속해라, 순백의 여백조차 노랗게 갈변하여
푸르디푸른 세상을 점점 더 갈망하게 된다.

"이곳은 나만의 세상일까,
당신의 세상 속에서 함께하고 있는 걸까."

어떻게

사랑하는 걸까.

도무지 방법을 모르겠다.

만남이 뻔히 흐르고
이별이 다가왔을 때쯤
마음의 문이 열리는데,
어떻게 인연을 유지할까.

만나는 것도,
이별하는 것도
너무 가벼워진 세상 속,

점차 홀로 남겨진다는 느낌에
소름이 끼치곤 한다.

나만 그런가,
당신의 눈동자에도 불안이 엄습하는데,
우리 어떻게 사랑해야 할까.

반감

자신을 신뢰해달라고 외치는 사람을
본능적으로 피하게 된다.
조건 없는 헌신과 사랑을 베푼다는 건
더 이상 존재하지 않으니까.

서로의 약점을 파고들어,
이익을 취하고자 하는 사슬에서
신뢰란 본인의 삶을 내어주는 것이 되었다.

이로써 인간이 외로워하는 이유를 알게 된다.
새로운 대상에 반감부터 들어 의심이 생성되고,
거리를 둔 사이 공허함에 지배되기 때문이다.

믿음이란 단어가 서서히 옅어질 만큼
인간은 잔인해지고 있는데, 무엇을 위해
우린 서로에게 흠을 새기고 부패하려고 할까.

나란 사람

타인을 소개하는 건 쉬운데
나 자신을 알리는 건 어렵다.

가장 오랫동안 함께해 왔을 텐데
어째서 나란 사람을 모를까.

타인의 시선에 너무 많은 신경을 썼나,
삶을 되돌아볼 수 없을 만큼 바빴나.

여러 추측과 핑계가 합쳐져
더 큰 좌절감에 사로잡힐 뿐 바뀌는 건 없다.

지나온 순간 부둥켜안던 추억도 흩어져
주울 수도 붙일 수도 없는데 어떡할까.

과거의 나를 잊고 현재의 삶에 집중하며
다가올 미래를 맞이하는 수밖에 없나.

회상하지 못할 젊은 날의 청춘.
떠나가길 바랐던 힘든 순간조차
그리워할 줄은 몰랐다.

나를 모른다는 것,
잃는다는 것,
잊힌다는 것,
사라지는 것

한 치의 순간이 모든 걸
앗아간다는 사실을 뒤늦게 깨닫고
가진 것 없이 마르지 않는 설움을 토해 낸다.

툭툭, 뜨거운 설움은 금방 차갑게 식었는데,
그 자리엔 어떤 생명이 내려앉아 아플까.

여백

인간은 태어남과 동시에 여백이 생겨,
그 안에 무엇을 채우고 사느냐에 따라
인생이 완전히 뒤바뀐다.

이 사실을 알지만,
내게 품어진 것들은 아픔과 우울뿐이라
타인에게 혐오감을 쉽게 불러일으킬 형태로 칠해졌다.

아무 곳에서도 전시되지 못할,
아무에게도 전해지지 않을 인생.

원망과 분노에 휩싸여 그림을 휘젓고
주저앉으니 사람들이 몰려온다.

내겐 여백 한 점조차 없이
우울과 외로움으로 가득 채워졌는데,
어찌 사람들은 더욱 열광하는 것일까.

고개 들고, 그들을 바라봤을 때
몸이 움츠러들 수밖에 없었다.

내가 지닌 아픔보다
더 짙은 것을 품고 있는 저들에겐
호기심에 불과한 존재니까.

그제야 깨달았다,
여백이란 존재하지 않는 것,

누가 더 많은 불행과
행복으로 채워 살아가는지에 대한 예술이었다.

소시오패스

나의 가치관과 신념은
타인에게 반감을 불러일으키는 것일까.

그 누구도 나에 대한 정의를
정상이라 칭해 준 사람이 없다.

각기 다른 환경과 사연을 품고 있다지만,
어째서 나는 특별한 생각을 지니게 된 걸까.

슬프지 않은데 왜 울어야 하고,
행복하지 않은데 왜 웃어야 하고,
전혀 공감되지 않은 것에 왜 뒤섞여야 하는가.
반항이라기엔 그들이 혐오스러운데 어떡할까.

기피, 서로가 서로에 대한 불신과 경계로
더욱 멀어져 가는데도 아무렇지 않다.

혼자가 되어서도 마찬가지다.
한결같은 '이상함'에 사무친다.

다름의 차이를 인정하지 못하여 실격된 존재,
바라보는 시선엔 연민과 동정, 두려움.

나는 나답게 살아갈 뿐인데
모두에게 미움받으며 숨기 바쁘지만,
타인을 미워하지도 원망하지도 않는다.

이것이 유일한 '정상적인 감정'일까 하는 마음에
덤덤한 표정을 지은 채 세상에 머물러 있다.

망상

"너는 망상에 찌들어 있어."

"생각에만 머문 채 아무것도 못 하고 있잖아."

"제발 세상을 멀리 좀 바라보려 해."

"그렇게 고민해서 얻는 게 뭔데."

나를 정신병자로 만드는 이 말을
24년간 수없이 들으니
정말 이상한 사람이 된 것 같다.

그저 생각이 많고, 상상하기를 좋아하는 사람일 뿐인데
어째서 사람들은 내게 틀렸다는 말만 하는 것일까.

피해를 안 주는데도 욕을 먹어야 하는 건가.
아니, 생각조차 들키지 말아야,
남들에게 인정받는 존재가 되는 건가.

머리가 언제 터져도
이상하지 않을 것 같던 때,

'뻑' 소리가 크게 들린 후
머리가 맑아지며 세상이 밝게 보였다.

충분히 견딜 수 있을 만큼
아프지 않았던 '셧다운'

첫 번째는 '당황', 두 번째는 '미소',
세 번째는 '불안', 네 번째는 '약간의 죽음'을 느껴
그 이후로 꺼지지 않기 위해 필사적으로
살아갈 이유와 버틸 힘을 겨우 붙잡는다.

나에게 남은 기회가 한 번이라는 걸 말하지 않아도
뼈저리게 느낄 만큼 무서운 현실이었다.

악당

나는 영웅이 악당을 물리치고
세계의 평화를 지킨다는 주제의 영화를
좋아하지 않는다.

죄 없는 일반 사람들에게
고통을 전하는 건 나쁘지만,

그 악당이 변질되기 전
아무도 손길을 건네지 않아
가치관이 잘못 무너진 게 아닐까.

이런 생각이 들었던 이유는
'조커'라는 영화의 주인공처럼
사회에서 핍박을 받고 미쳐 간다는
내용에 많은 영감을 받았다.

'만약 내가 이런 상황 속에 놓였다면 과연 어땠을까.'

나는 저렇게 행동하지 않을 거라는 걸
장담할 수 없었다.

모든 인간은 감정을 조절하려 하지만,
마음처럼 되지 않을 때 '짐승'처럼
자신의 본능에 충실해진다.

그러니 악당은 지구에서 만들어 낸
가장 아픈 사람들이 아닐까.

'잘못'만 인정을 받아,
모두에게 비판받고 서서히
영웅에게 죽어 가 잊히는 존재.

담배

한숨의 농도를 담배 연기와 섞어 내보낸다.
얼마나 깊게 들이마셨는지에 따라 '흐림'이
다르기에 순간의 아픔을 측정할 수도 있다.

몸에 안 좋다는 건 알지만
끊을 수 없는 건 중독인 건가,
아니면 연속적인 아픔에 지쳐 포기한 건가,
갖가지 핑계로 다시 한번 불을 붙인다.

푸, 오늘은 내뱉는 연기조차 보이질 않는다.
분명 삼키진 않았는데 나오지 않는 걸 봐선
유독 힘든 날인가 보다.

재를 툭툭 털고 다시 돌아가는 길,
어지러움을 느껴 넘어졌다.

이런 일이 없었는데 어째서일까.
한동안 자리에서 벗어나지 못한 채
외딴 골목길에 앉아 있었다.

이러한 모습을 사람들이 이상하게 볼까,
아스팔트 거리를 쓸어 가며 구석에 다시 숨었다.

심호흡하며 하늘을 바라봤을 땐
신기하게도 별 하나가 반짝이다 순식간에 사라졌다.

어떠한 의도가 담겼던 것일까.
별이 사라진 자리를 바라본 채 옅게 웃었다.

내게 어울리는 장소는 눈에 띄지 않는 곳,
조금의 빛조차 아까운 존재,

불편한 몸을 이끌고서는 홀로 있는 게 전부인 인생,
이런 나를 사랑해 주지 못하고 방관하며,
몸에 나쁜 짓만 골라 하는 스스로,

오늘 참 아프다.

정리된 서랍

지저분했던 서랍을 정리하였다.
우연히 발견한 동전에 기분이 좋아지고,
그간 잊고 있었던 추억의 사진으로 웃게 되었다.

그중 가장 반가웠던 것은
지난날 친구에게 받은 편지 한 통이었다.
조금은 용지가 노랗게 변색되어 속상했지만,
내용은 변치 않는다는 걸 위안 삼아 찬찬히 읽었다.

진심을 담아, 꾹꾹 눌러 담아 줬다는 게 느껴져
읽는 내내 미소를 숨기지 못했지만,
문장의 끝, 마침표에서 좌절할 수밖에 없었다.

내가 현재의 서랍을 정리하는 것처럼,
용지가 변색된 것처럼,
활자가 옅게 지워진 것처럼,
그이도 소리 없이 떠나갔기에.

영원한 건 없다지만,
하나쯤은 품고 싶은 욕망에
평평 설움을 흘려 본다.

우물

언제부터 있었는지 모를 우물 하나.

슬픈 날,
눈물을 떨어뜨려 짠맛을 시원하게 희석했다.

외로운 날,
고개를 숙인 채 노래를 부르면
아름답게 울리는 목소리로 되돌려줬다.

고여있지만
썩지 않을 수 있었던 유일한 곳.

고향을 떠나기 전
한결같이 자리를 지킬 거라 믿었지만,
지친 몸을 이끌고 다시 돌아왔을 땐
형체를 알 수 없을 만큼 무너져 있었다.

너를 필요했던 나는 흙을 파헤쳤지만,
나를 조건 없이 도와줬던 너는
더 이상 쓸모없다고 생각하여 사라진 걸까.

어느 작은 시골 소년의
가냘픈 손길 없이는
수년조차 버티지 못한 우물 앞,
차가운 토양에 뜨겁게 주저앉는다.

더 담기지 못하고 흡수될 눈물을
마지막 인사로 남기며 자리를 떠난다.

봄이 올 때쯤,
그간 어울리지 못했던 따스한 볕과
꽃의 품에 포근히 담기길.

동네

친구들과 카페를 가는 것보다
홀로 캔 커피를 마시는 게 익숙하고,

다 함께 노는 것보다
홀로 생각에 잠기는 게 편하고,

화려한 네온사인보다
불빛이 희미한 전봇대를 바라보는 게 안온하다.

나의 동네.

사실은 누군가 나를 찾아 주길 바라지만,
다가올 수 있는 사람이 아무도 없기에.

유일한 친구인 구름과 해, 달, 별의 이동 속도에 따라
고개를 서서히 움직이는 게 전부다.

인연

내게 호의를 가지고 다가오는 사람이 무섭다.

어떤 조건이 붙은 사랑인지 의심이 되기도,
금방 스쳐 지나가, 내게 크나큰 설움을 안겨 줄지도
모른단 생각에 경계심을 쉽게 놓을 수 없다.

이러한 경계심에 모두가 민망해하며
조심스레 자리를 떠난다.

괜찮다, 내게 맞는 인연이란
모든 모습을 이해해 줄 수 있는 사람이니
조금은 혼자가 되어 지내는 것도 좋다.

미라

반복하지 않겠다고 다짐했던 것들이
또다시 반복되었을 때 자존감은 바닥을 친다.

아픔에 익숙해진 건지,
긴장이 풀어진 건지,
나는 왜 항상 같은 실수로 아파하나.

아픔의 농도는 변함없이 일정하여
그대로 마음을 썩게 만드는데
어째서 슬픔의 성질은 옅어져 눈물이 나지 않을까.

숨 쉬는 시체, 형용할 수 없는 수식어가
인생에 달라붙어 회색빛 세상을 잠식시킨다.

아, 언제부터 호흡이 가빠졌는가.
어, 언제부터 떨림이 멈추지 않는가.
하, 더 이상 살아갈 이유가 있을까.

한숨만 내쉬는 미라,
곪아 내린 진물도
아마포 붕대에 흡수되지 않아
아픔이 흘러넘친다.

땅속이 축축한 이유,
설움일지도 모르겠다.

허망

피할 수 없는 것이 있다.
물과 바람, 세월 등등
우리가 마주하지 않으려 노력해도,
속절없이 맞닿는 것들은 수없이 많다.

이로 인해 녹슨다.

기존의 형태를 유지하는 것이 아닌
부식되는 속도를 늦추는 거뿐이다.

그것이 태생적으로 타고난 것과
노력으로 일궈 놓은 것들일지라도
견고한 것들은 시간에 따라 차츰 무너진다.

이걸 우린 인생이라 부르고
죽음 또는 허망이라 칭한다.

연민

타인의 삶을 가엽게 여기는 이들이 있다.

아무런 호의도 없이 그저 불쌍한 사람 취급하며,
자신들의 삶이 더 나을 거라고 판단하는 사람.

정작, 모든 사람의 시야에는 그들의 삶도
얼룩져 보일 텐데 연민의 이유는 하나다.

타인에게 등수를 매겨, 자신만은 사회적으로
높은 위치에 들어서 있다고 믿고 싶기에.

그러나 현실을 깨우쳐라. 세상은 당신의 행복,
설움, 열망, 분노에 등수를 매기지 않는다.

즉, 스스로 만든 세상에서 홀로 웃고,
울고를 반복하는 과정이 과대한 연민이다.

연기

괜찮지 않은데 괜찮다고 하는 것도,
하염없이 슬픈데 억지로 웃는 것도,
이젠 모두 지쳐만 간다.

처음 타인을 속이기 위한 연기가 어쩌다,
나조차 속이는 현실이 되었는지 애석할 뿐이다.

배우나 할까, 아니다,
세상 모든 사람이 나처럼 살아가는데
누가 누굴 속이나.

조심스레 예언하자면,
'진실된 사람'이 귀해질 순간은 머지않았다.

사람들은 한 번의 거짓을 부정하지만,
수천 번의 거짓은 진실로 받아들이니까.

수많은 거짓을 이겨낸 자가,
진정 행복할 수 있을 것이다.

물론 얼마 없겠지만,
당신만큼이라도 유일하길 소망한다.

공조

"어차피 인생은 혼자야."

인생을 너무 외롭게 살려는 사람이 있다.
이들의 특징은 사람들에게 수많은 상처를 받았거나,
스스로 성장하고 싶은 사람이 대부분이다.

각자의 사연을 가지고
나름 잘 살기 위해 노력하는 건 좋지만,
'인생은 공조'라는 사실을 잊지 말자.

우리에겐 '한계'라는 것이 정해져 있다.
어떠한 역량일지라도 타고난 '재능'과
'노력'에 따라 '할 수 있는 것'에 차이는 분명하다.

그게 외로움을 달래는 감정일 수도,
일을 처리하는 능률일 수도 있다.

결국 혼자서는 큰일도, 행복도
찾기 힘들단 소리이니 너무 자신을 홀로 두지 마라.

나도 그랬었지만, 좋을 거 없더라.

지독한 현실

식당에서 홀로 밥을 먹던 도중,
텔레비전 속 아나운서가
'살인'에 관한 소식을 전하였다.

주변 사람들은 하나둘 욕하기 바빴지만,
나는 퀭한 눈으로 그들을 바라보며

공개되지 않은 현실이 쏟아져 나왔을 땐
과연 저들은 분노에 휩싸일지,
두려움에 사무칠지,

그저 지금처럼 안타까운 사연을 집중적으로
바라보며 한마음을 나눌 수 있을지 궁금했다.

여전히 난 '일부'라는 것에 집착한다.
조각난 파편들이 뭉쳐져 하나의 흉기가 되었을 때,
세상이 어떻게 변할지 두렵다.

욕심

"종혁아, 월급쟁이로는 집 한 채 구하기도 힘들겠지,
먹고사는 게 왜 이렇게 힘드냐."

오랜만에 친구와 전화를 하던 도중,
우린 인생의 가치를 하나 더 깨닫게 되었다.

"그래도 너는 이른 나이에 취업도 하고,
모아 둔 돈도 있으니 차근히 살다 보면
원하던 것이 금방 이뤄지지 않을까?"

"말이 쉽지. 요즘 물가랑 월세가 다 올라서
점점 더 궁핍해지는데, 희망이라는 게 있을까?"

"음, 그건 너 혼자만의 고민이 아니긴 하지.
나도 요새 글도 출판 사업도 잘 안 되어서
빠듯하긴 하지만, 그저 내 삶에 만족하며 살아."

"너는 어릴 때부터 낙천적이었으니 그렇지,
일반 사람은 너처럼 못 살아."

"나처럼 산다는 게 뭔지 모르겠지만,
욕심을 조금 내려놓으면 되더라.
경쟁 속에서 아득바득 열심히 사는 것도 좋지만,
타인과 비교하지 않고 오로지 내 삶에 집중해야지."

"그게 쉽지 않네."

"잘사는 사람들의 이야기만 보고 듣지 마.
생계는 어렵지만, 자신의 꿈을 이루기 위해
노력하는 사람도 있고,

탄탄대로 인생을 성공적으로 살다가
한 번에 몰락한 사람도 있을 테니까.
그저 각자의 상황과 사연을 가지고
어떻게 풀어 나갈지에만 집중해."

"맞아, 비교하면 끝없지.
비참함을 느끼지 않기 위해서
매 순간 소중히 여겨야지."

"그래, 우리에게 최선이란
현재를 미워하지 않는 것뿐이야."

대화의 끝에서 시원함도 있었지만,
서러움이 더 크게 묻어나는 건 어쩔 수 없었다.

욕심이란 감정은
인간의 강한 욕구 중 하나이기에
완전히 사라지지 않으니까.

그저 얼마나 덜어 내고 살아가느냐에 차이일 뿐이다.

버림받은 아이

자신이 힘든 순간,
소중하게 여겼던 사람들에게
버림받는 것이 가장 슬프고 힘들더라.

믿어 달라 말해도, 소리 없는 아우성이 되어
닿질 못하니 점점 세상에 혼자라 느껴지고,

나였다면 그들을 지키기 위해 애썼을 텐데,
이리 쉽게 버려질 존재였다는 게 아프더라.

한 마디였으면 되었을 텐데,
소리 없이 기다려 줬어도 괜찮았을 텐데,
어째서 휑한 뒷모습만을 보여 주는 것일까.

빛 한 줄기 안 보이는 시야 속,
나를 위해 대신 울어 줄 수 있는 친구들,

아들이 잘못된 선택을 할까 걱정되어
방문을 자꾸만 여닫는 가족들이 있어
버티고 버텨 냈다.

그래, 사람을 다시 한번 미워하지 않아 다행이다.
예전처럼 세상 밖을 나서지 못해,
숨어 지냈던 시절로 되돌아가지 않아서 고맙다.

나는,
여전히 살아갈 이유가 있고,
여전히 위로를 전하고 싶고,
여전히 사람들이 밉진 않다.

하루에도 수없이 내뱉으며 다시 한번
푸른 하늘을 보고 길가를 천천히 걷는다.
나의 세상만 시끄럽다는 걸 증명하듯,
지구는 고요히 흔들리는 중이다.

음지의 꽃

내게 정말 소중한 친구가 있다.

모든 비밀과 감정을 다 털어놓을 수 있을 만큼
힘이 되어 주는 친구이다.

가끔은 이런 소중한 인연이 떠나갈까,
두려움에 자주 잠식되곤 한다.

"혹시 내가 힘든 것만 말해서 싫을 때가 있니?"

의기소침해진 말투로 물어볼 때면
친구는 한결같이 덤덤하게 대답해 준다.

"네가 어떤 말을 하든 힘들 때
같이 있어 주는 게 친구야."

같은 나이지만, 나보다 인생을 더 많이
산 것 같은 느낌에 존경심이 들 때도 있다.

강단 있게 자신의 삶을 묵묵하게 살아가,
무엇이든 이룰 것만 같은 친구인데
어느 날 눈물을 흘리며 전화가 걸려 왔다.

그 순간 내게 건네줬던 위로만큼
도움을 줄 수 없어, 설움이 멈출 때까지
기다렸다가 통화를 끊을 수밖에 없었다.

자책감에 사로잡혀 방구석에서 홀로
생각에 잠길 때, 다시 걸려 온 전화

"아까 울어서 미안해."

나는 그 한마디로 처참히 무너졌다.
자신이 힘든 상황 속에서도
타인이 신경 쓰여 코를 훌쩍이며 사과를 하는
이 아이의 존재가 너무 크게 느껴졌다.

인연이 오랫동안 이어지길 바라며,
나 또한, 친구와 같이 넓은 아량을
지닌 사람이 되겠다고 다짐했다.

한 사람으로 인해 인생이 바뀐다는 말을
믿지 않았지만, 우연히 맞닿은 친구가
나의 보잘것없는 삶을 묵묵히
가꿔 주고 있었다는 걸 깨달았다.

어두운 정원에 피어난 꽃은
나를 미워하기보단
함께 밝아지기 위해 노력해 주는구나.

"고맙다, 그해 겨울 너를 알게 된 건
잊지 못할 영원한 하이라이트다."

이상한 애들

지금의 모습과는 다르게
나는 친구 한 명과 엄청난 개구쟁이였다.

학교에서 가장 이상한 애를 고르라면
서로가 일이 등을 앞다퉜을 정도다.

그런 우리의 공통점 '의리와 낭만'이었다.
시대와 동떨어진 발상으로 무언가를
계속 도전하던 천진난만 소년들.

삼겹살을 가장 맛있게 먹을 수 있는
방법을 고민하다 볏짚을 보곤
논으로 뛰어가 땔감으로 사용하고,

겨울에 김장할 때 쓰는 봉투로 바람막이를 만든 후
깊은 산속에서 생존을 해 보자는 취지로 여러 번
죽다가 살아난 기억이 떠오른다.

평범하지 않지만, 마음씨는 누구보다 서로가
여리다는 걸 잘 알기에 지금껏 잘 지내나 보다.

가끔은 이런 자유분방한 모습으로 살았기에,
반복되는 일상을 버틸 수 있었던 게 아닐까.

시간이 흐르고 서로가 사회에서 자리를 잡아가,
예전처럼 모이기는 힘들지만, 만나면 기발한
생각을 나누는 모습이 영락없는 학생이다.

여러 경험을 통해 대기업에 입사한 친구,
나는 수많은 사람에게 위로를 전하는 작가가 되었다.
'괴짜'여도 자신들의 꿈을 이뤄 가기 위해 끊임없이
노력하는 건 모두 새로운 자극 덕분이다.

인생은 모험이라는 말, 지도가 없으면 대충 그림을
그린 채 서로를 믿고 나아갈 수 있는 동반자.
모두가 부러워하는 인연이란 우리가 아닐까.

25살

조개껍데기는 녹슬지 않는다는데
나의 삶은 급격히 부식되어 간다.

듬직했던 부모님은 점점 야위어져
어느덧 나보다 더 작게 느껴졌고,
늘 청춘 속에서 함께할 것 같던 친구는
장가를 가며 한 가정의 아버지가 되었다.

이젠 만나는 이보다 떠나는 이가 많다.
잠시의 이별도 아닌 영원한 이별로
평생을 안고 갈 슬픔에 잠길 때도 잦다.

아직 20대 중반밖에 되지 않은 삶에
너무 이르게 모든 걸 알아버린 것 같다.
물질적인 것만 쫓으려던 철없던 나조차,
다 잘될 거라 믿었던 미래조차 더는 확신이 없다.

누군가는 여전히 젊다며,
할 수 있을 때 모든 걸 다 해보라지만,
희망적인 시대는 차갑게 변하였다.

수많은 청년이 시도조차 안 하는 것도,
못 하는 것도 아니다.
엄두조차 내지 못할
시기와 상황 속에 담겨 있는 것뿐이다.

핑계라고 할 수 없다.
그들과 함께 가장자리에 놓인 입장으로서
기약 없는 가능성을 여러 번 믿고 아파했으니까.

이 같은 고난은 파도여,
맥없이 흐르는 눈물은 거품이다.
영원할 것 같던 형체가 무너지고
가속화되는 시기는 청춘이고,
고통에 무뎌질 때가 어른이다.

아직 어른이란 경계를 못 넘었기에
서툰 몸부림을 치며 상황을 모면하고픈 나이
25.

인생

살아가는 것 자체만으로도 고된 요즘, 현실에
질식할 것만 같다는 표현을 자주 쓰게 되더라.

하지만 '죽고 싶다는 말'만큼은 쓰지 않아.
죽음을 짧게나마 경험해 본 사람은
절대 그런 말을 쉽게 못 내뱉거든.

너의 삶이 어떨지는 잘 모르겠지만,
다 지나게 되더라.

위에서 말한 목 누름이 풀어지며 공기가 시원하게
들이켜질 때도 있고, 턱없이 부족했던 행복이
한 번에 몰려와 입가에 꽃을 피울 때도 있지.

그래, 살다 보니 별일 다 겪고, 무너지고, 쓰러지는데
견디다 보면 가끔 행복한 순간도 있더라.

자주 아플 뿐이지.
가끔 웃는 날도 있어, 우리가 살아가나 보다.

어쩌면

나는 사랑받기 위해 태어난 사람이 아닌
'사랑받고 싶어' 하는 존재로 탄생한 걸까.

내가 노력하지 않으면,
어떤 이와도 맞닿지 못하니까.

그마저, 외면받기 일쑤.
익숙해지지 않은 이별에 홀로
소리 없이 아파하고, 지쳐만 간다.

어쩌면, '혼자가 될 운명'이
내게 붙는 유일한 수식어일까.

이러한 의문도 더는 못 받겠는데
누가 나 좀 안아 줬으면 좋겠다.

살다 보면

힘든 날도 있고,
무너져 내릴 날도 있는 거겠지.

살다 보면
행복한 날도 있고,
괜찮아질 날도 있는 거겠지.

살다 보면
이와 같은 헛된 수식어를
꺼내지 않아도 될 날이 오겠지.

그래 살다 보면.

어둠에 잠식되었지만,
이곳이 싫진 않아서 머물러 있다.

언제든 숨을 수 있고,
도망칠 수 있는 유일한 도피처인
암흑 같은 우울도 친구가 되더라.

그러니 자신의 감정을
너무 밀어내지도, 미워하지도 말자.
서로를 이해할 날이 분명히 올 테니까.

"사람이 뭐길래, 사랑이 뭐길래."

2장, 내게 사랑이란 이별이란

정의

'닮아 가는 과정을 사랑이라 불러요.'
각자가 다른 환경에서 자라 왔기에
같아질 순 없지만, 비슷해질 순 있으니까요.

'사랑하는 사람을 자세히 바라봐 주세요.'
눈이 마주쳐 웃음 지을 때 당신의 입가에
지어진 미소와 같은 형태를 띠고 있을 테니까요.

'사랑한다고 표현해 주세요.'
덤덤하게 받아들일 순 있어도 그 사람,
마음 한편에 예쁜 꽃이 오를 테니까요.

'안정감을 건네주세요.'
이별을 품고 살아가는 우리에게
영원한 건 없으니 불안해할 테니까요.

'가끔 꽃과 손 편지를 건네주세요.'
소소한 선물일지라도 상대방에겐
그 어떤 것보다 특별하게 여겨질 거예요.

'있을 때 최선을 다하세요.'
그 사람과 함께하는 순간이
늘 마지막이란 생각으로 사랑하세요.

'싫어하는 행동만 하지 말아 주세요.'
사실 그거 하나면 충분해요.

그렇게 운명적인 당신의 사람과
사랑을 마음껏 품어 주세요.

"당신이 어제보다 오늘 더
행복해질 수 있을 테니까."

순간

새벽이 가라앉을 때까지 당신과 떠들고 싶어요.

처음 만났던 순간의 풋풋함,
잊히지 않을 순간의 애틋함,
그리고 현재의 안온함을 서로가 느꼈으면 해서요.

예전에 나눴던 대화를 다시 꺼내도 괜찮아요.
나는 처음 들었던 것처럼 반응하고,
해맑게 웃으며 당신에 대해서 자세히 알아갈게요.

여전히 나는 서툰 부분이 많아요,
다름의 차이를 인정하기란 오랜 시간이 걸리죠.

그래도 괜찮아요,
이 모든 걸 감내할 만큼
저의 마음은 변치 않을 테니까요.

보폭을 맞추어 나아가요. 목적지를 몰라도,
서로의 손을 꼭 맞잡은 채 걷는다면
그 길이 정답이겠지요.

선택, 당신이 나를 선택해 줘서,
내가 당신을 사랑할 수 있어서
매 순간을 소중히 여겨요.

사랑이란

"사랑이란 이름으로 당신을 불러 봐요."

나에게 있어, 당신의 존재는 특별해요.
지나칠 일상 속에서도 문득문득 떠올라,
어느새 제 삶의 일부가 되어 주셨으니까요.

하얀 눈에 결정이 몸에 닿으면 서서히 녹듯,
나와 당신도 서로에게 천천히 스며들었나 봐요.

차가운 성질은 따듯하게,
굳어 있던 속성은 부드럽게,
변하지 않을 것 같던 본연도
사랑 앞에서는 속수무책이네요.

사랑을 당신이라 표현할래요,
우리가 자주 나눴던 예쁜 수식어도 붙여
더욱 특별한 의미로 새겨 오랫동안 간직할게요.

시간 지나 빛이 바랠지라도,
옅은 형태 속에 애틋함이 지워지지 않을 만큼요.

"사랑해요."
지겹도록 말하며 듣더라도
늘 처음인 것처럼 함께해요.

이름

나는 이름을 부르는 것도,
불리는 것도 다 좋아한다.

음성에 옅게 묻어난 따스함이 안아 주는 것만 같아,
소중한 사람들과의 대화 속 나는 셀 수 없을 만큼
상대의 이름을 부른다.

이토록 사랑한다는 감정을 전하는 건 어렵지 않다.

두 글자, 세 글자 서로의 이름을 다정히 부르며
일상적이고 평범한 대화로 웃는 것만큼
가성비 좋은 사랑이 없다.

낭만적인 사랑

아무런 말을 하지 않아도
서로를 바라보며 웃을 수 있는 게 사랑 아닐까.

입가에 번진 미소조차 닮았다면,
그걸 운명이라고 말할 수 있겠다.

시간이 지날수록 웃는 날보다
우는 날이 더 많은데,

우연한 만남으로
시작된 사랑이 나의 삶을 바꿔 주고,
미소를 안겨 준다는 것은 기적과 같은 일이다.

목적 없이 나를 사랑해 주는 사람,
내가 못났어도 멋지다고 말해 주는 사람,
그저 나와 함께하는 모든 날, 모든 순간을
아끼고 소중히 여겨 주는 사람과 오랫동안 함께하자.

건네주고, 건네받는 사랑이 익숙해질 때면,
처음 만났던 순간과 설렘을 떠올리며
소중함을 잃지 않도록 조금 더 노력하고,

때론 '다름'의 차이를 인정하지 못해
마찰이 일어나게 된다면,
상대방의 쓸렸을 마음을 걱정하며,
먼저 사과하고 다독여 주는 용기를 지니자.

사실, 사랑이 뭐 별거 있나.
좋아하고, 애틋하고, 사랑하면 된 거지.

여러 조건을 붙여 복잡하게 생각할 필요 없이
마음껏 서로가 행복하면 된 거다.

그 사람이 당신이라 좋다고 말해 주면 '낭만'
우리는 홀로 맞닿을 수 없는 영역 속에
함께 빠져 안온함을 느낄 수 있다.

중심

거친 파도의 속내가 고요하듯,
가장자리에 머문다는 건 안정적이다.

사랑도 마찬가지다.
불안정한 두 개의 마음이 하나가 되었을 때,
그러다 점차 서로를 닮아갈 때,
각자 지니고 있던 내면에 균열은 견고히 메워진다.

변하지 않는 것은 없지만,
홀로 흔들리는 것과
서로에게 기대어 버티는 차이도 분명하기에.

지구의 중심에는
언제나 사랑이란 다채로움이 담겨 있다.

탐구

"꽃 한 송이만 있어도 저리 밝게 웃을 수 있구나."

당신이 무엇에 미소를 짓는지 살피고,
잊지 않기 위해 노트에 적어 놔요.

사소한 것도, 금방 지나갈 순간도,
사라질 거라도, 당신이 웃었으니
추후 다시 꺼내어 떠올리게 해 드리려고요.

어쩌면 당신을 사랑하는 나만의 방법은
'탐구'하는 것이 아닐까요.

좋아하는 것뿐만 아니라,
싫어하는 것까지 기억하며,
당신께 행복만 안겨 주고 싶어요.

한철 지나 시들 사람도, 사랑도 아니니
사계절을 바탕에 두며 한결같이 대해요.

가끔, 예기치 못한 상황으로
서로의 마음에 소나기가 쏟아져도
잿빛 구름이 금방 가시고 더 화창해질 거라 믿어요.

사랑할 자격,
사랑받을 자격을 건네줘서 고마워요.

시간 지나 모든 게 익숙해질지라도
당신에 대한 특별함은 잃지 않을 거예요.

겨울에 쓴 사랑

세상이 시들고, 그 위에 얹힌 서리처럼,
너를 눈이 부시게 빛내 주고 싶어.

쓰러져 가는 해와 달을 힘껏 일으켜 세워,
안온함과 포근함을 매 순간 건네주고 싶어.

너를 껴안을 때, 내 일부가 녹더라도
괜찮으니 서로의 마음을 나누고 싶어.

바라는 게 참 많지만,
너와 함께, 우리가 사랑할 수 있다는 것을
늘 간절히 소망하며 사계절을 지냈어.

가끔은 빙판에 미끄러지듯,
관계가 뒤틀릴지라도 괜찮아.

내가 먼저 손을 내밀고,
전처럼 보폭을 맞추어 걸으면 되니까.

그저, 건강히, 애틋이, 사랑하자,
언제나 곁에 있게 해 줘서 고마워.

사랑의 연습

내게 사람들이 물어본다.

"작가님, 어떻게 하면 행복해질 수 있을까요."

매번 각자에게 도움 되는 말을 전해 드리고 싶지만,
이와 같은 질문만큼은 답변이 똑같을 수밖에 없다.

"자신이 직접 찾아야 하는 평생의 과제이기에
완전한 답을 건네드리기 어렵지만,
멀리 있진 않을 거예요."

우리는 사람들의 행복한 면을 보고 따라 하지만,
이는 마냥 좋은 방법이 아니라고 생각한다.

내게 알맞은 방법을 탐구하지 않으면
또다시 타인의 외적인 부분만을 보고
급히 대처하게 되니까.

마음을 마음대로 제어하지 못하는 것처럼
우리는 자기 자신을 가장 어려워한다.

잘못된 것은 아니지만,
최소한 '조절'이라도 할 수 있다면
분명 삶이 더 윤택해질 것이다.

정리하자면, 나 자신을 탐구하고 친해지기 위해
실천하는 것이 우선이 되어야 하며,

타인과 비교하지 않고,
나만의 온전한 것을 찾아야 한다.

마지막으로 나의 감정을
조절할 수 있게끔 노력하면 된다.

중독

한 사람을 우연히 만나, 사랑한다는 건 기적이고,
서로가 사랑하게 된다면 그걸 운명이라 부른다.

사랑의 힘은 실로 대단하다.
그간 살아온 삶을 완전히 뒤바꿀 수 있는 감정이자
연속적인 상황을 만들어 내기 때문이다.

그래, 사랑의 모습은 너무나도 아름답고 찬란하여
어떠한 형태로든 완벽히 표현해 낼 수 없다.

다만, 사랑의 이면을 탐구하고
오랫동안 관찰해 온 사람들은 알 것이다.
그것이 얼마나 지독하고 위험한 감정인지.

함께한 순간 동안 잊히기 힘든 추억과 정을 쌓고,
서로의 마음 한편에 짙게 녹아들어 일부가 되었는데
한순간에 사라지게 된다면 어떻게 될까.

누구나 한 번쯤 사랑도 이별도 경험해 봤기에
앞서 언급한 감정이 조금이나마 공감될 것이며
함축적으로 '사랑의 끝은 따듯하지 않다.'

신기한 건 인간은 이별을 품은 채 살아간다는 걸,
언젠가 종착역에서 헤어진다는 걸 알면서도
또다시 누군가를 사랑하고 아파하기를 반복한다.

증명, 중독적인 사랑의 맛에 빠져 버린 사람,
그 사람이 나라서, 함께할 사랑이 당신이라서
한편으론 좋고, 또 한편으론 불안하다.

"한결같은 건 아픔밖에 없기에 그렇다."

사랑의 바보

소중한 사람이 아무 말 없이 떠나가는 것보다
더 비참한 건 미워할 수 없다는 것이다.

이처럼 나의 일상과 삶의 일부를
누군가에게 내어 준다는 건 위험한 것이다.

이도 저도 아닌 관계 속에서
한없이 슬퍼만 해야 하니까.

매번 아플 순 없으니 관계를 안정적으로
유지할 방법이 있을까 하여 오랫동안 깊게
고민해도 해답을 찾을 수 없었다.

사랑하는 감정을 조절하는 건 불가능하기에
사람으로 웃고 우는 인생을
연속적으로 살아가나 보다.

그래, 지독히 아프더라도
나는 한없이 사랑하련다.

한결같이 바보처럼 사랑하는 게
순수한 본질이니까.

유일

나를 지켜 준 영웅에 대한 보답을 잊을 수 없다.
세상이 등지고 외면해도 곁에서 응원해 준 우리 가족.
보잘것없는 모습조차 애지중지 여겨 줄 수 있는
귀인이 얼마나 있을까.

가냘픈 아이의 숨결을 단단하게 엮어 주고,
널브러진 마음을 모아 일어서게 해 주고,
작은 파편이 박혀 있는데 안아 주고,
사랑받을 자격 없는 나를 사랑해 주셨다.

보호라는 타래를 풀고 어른이 되었음에도
할아버지께선 여전히 나를 아이처럼 품어 주신다.
순수함을 잊지 않게 두 손을 살포시 잡아 주시며
힘든 일이 없냐 물어봐 주실 때면
목 놓아 울 수밖에 없었다.

마주할 때마다 건네주시는 주름 잡힌 '만 원',
바퀴벌레가 끝없이 나왔던 작업실에 고이 아껴 두며,
언젠가 이 돈의 가치가 나를 만들어 줄 거라 믿었다.
이젠 지킬 수 있게 되었다, 돈이라면 얼마든지 벌어
그들의 행복을 연장해 드릴 수 있는데,
야속하게도 시간과 건강은 떠나기 바쁘다.

다시 한번 보호해 드릴 수 없다는 좌절감에
사로잡힐 때, 얼굴 한 번 보는 것만으로도
괜찮다며 안아 주신다.

나는 여전히 어른이라는 수식어와 정의를
이들 앞에서 내세울 수가 없는 존재다.

늘어진 푸념 앞, 한결같은 가족의 미소에
나도 따라 웃으며 닮아 간다.

그게 나의 유일한 사랑이다.

버팀목

수없이 쏟아지는 역경과 고난에 잠기고,
뜨거운 경쟁에 메마르길 반복하다 보면
지탱하고 있던 나의 일부는 더욱 단단히 잠긴다.

누군가에게 기대야만 했던 시절 지나,
인간은 자연스레 버팀목이 되는 시기에 놓인다.

반대로 자신을 희생하며 도와준 존재는
헌신의 대가로 초라한 모습을 지니더라.

어린아이에서 어른으로, 다시 과거로
되돌아가야만 하는 시기는 삶의 순환 중
가장 중요한 요소이자 필연적으로 맞이할 운명.

한평생 보호받을 수 없고,
지켜야 하는 것은 분명히 존재한다.
이는 잊어서 안 될 본질이자 순수한 사랑이다.

누군가를 만난다는 건 인연이고,
누군가를 사랑하는 건 운명이고,
그 사실을 서로가 안다는 건 기적이다.

계절

'사랑해', 너에게 아낌없이 건넨 말이
여전히 소모되질 않고 세상을 떠돈다.

음절의 파열, 닿지도 전해지지도 못할 말은
다시 내게로 돌아와, 아픈 상처를 안긴다.

여름의 청초한 잿빛은 가시고
겨울의 시든 안개가 빈틈을 채워서일까.
외로움과 고독함에 쉽게 사로잡혀
당신을 더욱 애타게 불러 본다.

이런 내게 봄이 있으려나,
당신과 함께 바라볼 벚꽃 나무가 있으려나.

금방 꽃이 개화한다는데
나의 마음에 너란 새싹이 없어
황무지에 먼지바람만 불겠구나.

펑펑, 지금 내리는 건 비일까, 눈일까.
겨울의 끝자락마저 나를 애매하게 만드는데
너와의 관계는 사랑일까, 애증일까.

잊지 못해, 전으로 다시 돌아가 탐구하고,
다시 사랑하고, 다시 아파하기를 반복.

너와 함께하지 못한 겨울도, 봄도 싫어진다.

추락

보고 싶다는 말을 감히 꺼내도 될까.

스쳐 지나간 인연이 너를 붙잡고,
그간 그리웠던 마음을 전해도 될까.

대답해 주지 않아도 괜찮으니
오늘만큼은 곁에서 함께하고 싶다.

형성된 묶음의 세상 속
보이지 않고 감춰 됐던 게
환히 드러날 터이니 잠시 같이 있자.

떨어지는 유성 열두 개가 이곳 한 자리에 모였을 때,

잿빛 구름 사이 너머 보이는
작은 별 하나 살포시 주워,
눈을 내리게 해 달라고 해야지.

처음 만났던 봄여름 사이,
마지막 헤어진 건 겨울이었으니
서로에게 아픈 계절이 되지 않게
각자의 남은 생애가 묶이지 않게,

나보다 더 좋은 사람이
당신에게 다가올 수 있도록
이 첫눈을 마지막 순간으로 아름답게 남기자.

만개

당신은 알고 있나.

사랑의 이면과 뒷면이
얼마나 참혹한지를.

사랑한 만큼 아플 거란
고통의 수치를 바라보면서
당신은 나를 사랑할 수 있나.

나는 할 수 있다.
당신이 나를 아프게 만들 거란 것을
잠시 까먹은 채 마음껏 사랑할 수 있다.

내가 당신께 해 줄 수 있는 것이
나를 속이고 체념한 채 다가가는 것뿐이지만,
꽃이 만개하듯, 밝게 웃어 주는 당신의 미소에
또다시 아플 각오로 발길을 서서히 옮긴다.

터벅터벅,
오늘은 어떤 꽃이 피고 질까.

이별의 잠식

그해 겨울, 해돋이 앞에 우리는 지그시 눈을 감고,
추위에 옅게 물든 손을 모아
각자의 소망을 간절히 빌었다.

나는 금방 눈을 떴지만,
옆에 있던 그녀는 한참 동안 제자리에 머물렀다.

평소 자주 아파, 건강하길 염원하였을까.
그녀의 속마음을 들여다볼 수 없으니
묵묵히 곁을 지키는 게 전부였다.

일정을 마치고 집으로 돌아가는 길,
창문에 시선을 고정한 채
아무 말도 하지 않는
그녀의 모습에 걱정이 됐다.

조심스레 가까이 붙어 무슨 일이 있냐고 물었지만,
아무런 소음도 들리지 않았다.

그렇게 얼마만큼 시간이 지났을까.
마침내 종착역에 내려 그녀는 고갤 숙인 채
내게 "잘 지내."라고 말하였다.

우리가 함께 가고 있던 이 길이
이별로 향하고 있었다니,
순간 아무런 생각이 들지 않아 멍하니 서 있었다.

넋이 나간 채로 눈을 맞던 때,
자신이 매고 있던 목도리를 살포시 내게 건네주며

"이젠 그만 나 보살피고 너의 인생을 살았으면 해."

그렇구나, 결국 나의 챙김과 보살핌이
아픈 그녀에겐 부담이 되었던 거구나.
사실, 이날을 끝으로 금방 떠나갈 줄은 알았는데
막상 현실을 마주하자 지독히 아팠다.

함께 돌아가야 할 길,
김이 모락모락 피어나는 붕어빵 가게, 한 연인의 모습.
얼마 전까지 나의 상황을 비춰 주는 것일까.
뿌연 연기가 금방 사라지듯 잔상이 보인다.

이유를 묻지 않아도 우린 이별해야 할 운명,
서로가 서로의 마음을 너무 잘 알았기에
필요 이상의 의미를 부여하는 것은 낭비.

깊은 내면에 잠식되어 있는 순간과 추억을
가끔 꺼내어 들여다볼 뿐,

"겨울은 조용히 가시고
봄은 언제나 예쁘게 피어오른다."

안녕이란 말

나는 인사하는 걸 좋아하지만,
때론 건네주고 싶지 않을 때가 있다.

소중한 인연과의 마지막 순간,
오로지 건네줄 말이 '안녕'에 이어
'잘 지내.'란 형식적인 인사만큼은 싫다.

보내 줘야 하는 걸 알기에
처음에 만났던 그때처럼 말해 줘야 하지만,
끝내 '미안해.'라는 말로 상황을 정리할 뿐
도무지 이별은 익숙해지지 않는다.

연인 관계

연인이란 한 끗 차이로 갈리는
불안정한 관계 중 하나입니다.

서로의 말 한마디면 특별한 인연이 맺어지고,
서로의 잘못된 실수 한 번이면 끝나니까요.

언약이라는 것도 없습니다, '평생' 가자는 말에
그 누구도 섣불리 약속을 지킬 수 없을 것입니다.

'종착역', 우리는 그저 마지막 관문으로 가던 중
우연히 옆자리에 앉은 사람과 잠시 사랑하는 거지요.

그러니 마음껏 사랑하셨으면 합니다,
지난 순간에 후회와 미련 두지 않을 만큼,
서로를 꼭 안아 주세요.

우리는 인연 말고도, 언제나 불안정하기에
온기를 나누는 것이 최대의 안정감으로
적용될 수 있으니까요.

그러나 끝내야 하는 인연에 연연하지 마세요.
내 옆자리에 더 좋은 사람이 올 수 있게끔,
잠시나마 나를 사랑해 준 사람에게도
더 알맞은 인연이 오길 바라는 게 사랑의 종합입니다.

어렵죠, 누군가를 마음 한편에 담아 두고
산다는 것이 쉽지는 않습니다.

그래도 나에게 조금의 미소 또는
슬픔을 안겨 줬을지라도,

우리가 선택한 사랑을 헛되게 놓아주지 맙시다,

많이 아플 거거든요.

녹는점

사랑의 녹는점은 너무나 낮다.
마치 조금만 따듯해도 사그라드는 눈사람처럼
말 한마디에 쉽게 사라지곤 한다.

서로가 기적적으로 맞닿아,
사랑하기 위해 얼마나 많은
감정을 나누고 다듬었었나.

예쁜 형태의 사랑,
그 한순간을 위해 우린
많이 웃기도 울기도 했을 거다.

특히 겨울에 맞이한 이별은 더욱 지독하다.
바깥세상의 푸른 생기가 하나도 없어,
그리움과 고독함이 마음을 더욱 사무치게 한다.

만약, 당신이 사랑하는, 좋아하는 사람과의
이별로 힘들다면 마음껏 슬퍼해도 된다.

당신이 흘린 눈물과 설움은
예쁘게 피어오를 봄에 큰 힘이 될 것이다.

"꽃은 무거우면 고갤 숙이지만,
한결 가벼우면 산들바람과 함께 곱게 흔들린다,
당신도 그러길 소망한다."

가야 할 길

같은 길로 걷다가
서로에게 알맞은 방향이 나온다면
갈라져야 할 때도 분명하더라.

오랜 인연을 놓지 않고 싶어도,
속을 시리게 만들 그리움이 남아도,
때론 불가피한 현실로 끊어지는 필연.

행복할 줄 알았던 불투명한 미래의 색조가
다채롭지 못했다는 것에 아쉬워하며,
그이의 마지막을 응원해 보자.

깊은 한숨은 들리지 않게 고요히 내뱉고,
잊히지 않을 서글픈 눈물은
상대가 보이지 않는 곳에서 덜어내자.

마지막이니까,
함께할 수 있었던 때에 있었던
소중한 기억만큼은 아프지 않게 하자.

넓고, 좁은 인연이었지만,
길고, 짧은 삶의 일부를 함께했으니까.

아름다운 이별,
사실 그리 포장한 아쉬움을
홀로 안고 가야 할 대가는
사랑을 깨닫기 전부터 알게 된 숙명이니까.

슬프지 않은 이별

새로운 인연을 만나다 보면
여러 이별의 사유를 겪기도 한다.

마음이 맞지 않아서,
가치관이 맞지 않아서 등등
상황에 따라 우린 수없이
만나고 헤어지는 중이다.

번외로 연인과의 운명을
받아들이는 것에 차이는 분명하다.

대상과 시기에 따라 사랑의 농도가 달라져
이별이 원망스러울 만큼 슬플 때도 있지만,
전혀 눈물이 안 나올 때도 있다.

바로 '익숙해졌을 때'이다.

처음엔 모든 게 서툴고 조심스러워
각자가 신경을 많이 썼겠지만,
어느새 서로가 익숙해질 무렵엔
애매한 관계가 된다.

함께해 온 세월이 있어
아쉬움은 남아 있지만,
당장 헤어져도 이상하지 않기에
갈라져 본래의 삶으로 돌아간다.

이러한 과정을 '권태기'라고
말하는 사람들도 있지만,

듣기 좋은 말일 뿐
'슬플 새도 없이 처진 감정'을 지니게 된 것이다.

절대 만나지 말아야 할 사람

우리 끝없이 새로운 인연과 스치고
무심히 헤어지길 반복한다.

시간이 갈수록 자신이 힘들 때
곁에 머물러 줄 사람은 거의 없다는 것,

인간관계가 얼마나
비참한지를 점차 느끼게 될 것이다.

이처럼 무수한 상처를 덜 받기 위해선
끊어 낼 인연을 정리하는 것에 집중하자.

한 사람으로 인생이 망가질 수 있다는 말,
어디선가 한 번쯤은 들어 봤을 것이다.
그럼 '어떤 사람이 인생을 망칠 사람인가.'

우린 여기서 간단한 기준을 함께 만들어 보자.
첫 번째는 '나를 우울하게 만드는 사람'

"저 사람은 우울하지만,
내가 끌어안아 줄 수 있을 거야."와 같은
말과 생각은 잠시 뒤로해라.

우울이란 전염성이 가장 빠른 감정 중 하나이다.
심지어 자신의 우울도 아닌 타인의 우울로 인해
삶이 피폐해진다면 어떨까. 분명 좋은 인간관계를
유지하기 힘들 것이다.

두 번째는 '매사에 부정적인 사람이다.'

긍정적인 영향만 주는 사람을 만나기란 힘들겠지만,
그렇다고 부정적인 영향만 주는 사람은 걸러야 한다.

경청의 힘을 무시할 수 없기 때문이다.
'나는 할 수 없어.'와 같은 부정적인 말을
반복적으로 듣다 보면 자신감도,
도전적인 정신도 함께 떨어질 것이다.

세 번째는 '가치관'과 '신념'이 너무 다른 사람이다.

우리는 각기 다른 환경에서 자라 왔기에 차이가
발생한다. 온전히 맞출 순 없겠지만, 일부분이라도
서로가 양보하며 관계를 유지하기 위해 같이
노력한다면 상관없다.

반대로 그 일부조차 맞추기 싫어 '가스라이팅'을
하는 사람들에게서는 최대한 빨리 곁을 떠나라.

앞서 말한 세 가지는 '저자의 기준'일 뿐이니
자신에게 더 필요한 조건이 있다면 첨부해서
인간관계를 정리하길 바란다.

오랜 기간 쌓인 우정으로 이별하기 힘들다면
'방 청소'를 한다고 생각해라.

아끼는 물건일지라도
더는 필요치 않으면 버리듯,

당신의 마음에
불필요한 관계를 애써 끌어안을 필요 없다.

바보처럼 사랑하고
현명하게 헤어져라.

그러기 위해서 매 순간
최선을 다해 후회를 덜어 내며
나 자신을 잃지 않기 위해
필사적으로 노력하는 것뿐이다.

"내가 있으니 혼자라고 생각하지 마."

3장, 당신도 나와 닮았다면

살자

세상에 쫓겨 벼랑에 몰린 이들에게
한 가지 선택만큼은 끝까지 말리고 싶습니다.

바로 '스스로' 선택한 죽음,
자신의 의지로 남은 순간을 청산하며
머물러 있는 이들에게 미안함을 지니고
쓸쓸히 세상에서 사라지는 것입니다.

이미 떠난 자들을 경시할 순 없습니다.
우리의 사연과 그들의 사연을 비교할 수 없으며,
똑같은 형태의 고통이 와도
정도를 받아들이는 건 모두 다르니깐요.

우리는 살아가는 중이지만, 영생은 없기에
죽어 가는 중이라 표현할 수도 있습니다.

이처럼 언제든지 죽음이 초래할 수 있는데도
죽음을 이르게 당기려 하는 이들에게
전하고 싶은 말은,

'억지로 몸부림치지 않으셨으면 합니다.'

저 또한, 떳떳한 삶을 살진 않았습니다.
매일 밤, 짙은 어둠에 잠겨 한 치 앞도 보지 않고,
떠나기만을 갈망하고,
아픔 없는 세상에 갈증 났습니다.

허나, 사람은 어떻게든
살아 내려고 하는 성질을 지녔습니다.

목 끝까지 물이 차오르고, 숨이 막히더라도,
몸부림치며 벗어나기 위한 무의식 상태가 있는데
그걸 억지로 꺼내지 않고 살아가셨으면 합니다.

왜냐하면, 남겨진 사람들이 나의 죽어 가는 모습을
바라보고 있을 때의 눈빛은 그 어떠한 아픔으로도
대변할 수 없기 때문이죠.

그저, 포기하고 싶은 순간도 여럿 있을 걸 압니다.
그럴 땐 생이 아닌 그 일을 포기하십시오.

차근차근 나에게 알맞은 일상을 탐구하는 것이
우선적이어야 합니다.

당신이 있어,
살아가는 사람도 있다는 걸 잊지 말고,

당신이 없어,
슬퍼할 사람도 있다는 걸 깨달아 주세요.

이 또한 살아가는 것에 대한 책임,
선택과 맞바꿀 수 있지만,
후회하지 않게 행복만 가득하시길 진정 소망합니다.

도망가자

가끔은 답답한 현실에서 벗어나,
어디론가 멀리 떠나 보자.

아무도 나를 찾지 않는 곳으로 가서
거리를 마음 편히 누비고, 새로움을 만끽하자.

설령, 잠시의 도피일지라도
기존의 상황에서 벗어날 수 있게 용기를 낸 자신을
돌아오는 길에 칭찬해 주고,

언제나 나만을 위한 공간이
세상에 남아 있다는 게 느껴진다면
그건 도망이 아닌 여행이 될 수 있을 테니까.

책임감

당신의 '마음 용량'은 얼마나 되는가.

몇 명의 사람을 지킬 수 있는지,
몇 개의 사연을 끌어안을 수 있는지,
지난 삶과 현재를 되돌아보며 살펴봐라.

분명 그리 많지 않을 것이다.
왜냐하면 갈수록 혼자 살기도 벅차고 힘들기에
누군가를 책임진다는 게 쉽지 않기 때문이다.

넘칠 만큼 채우지 마라, 어차피 흘러내릴 거
내가 담을 수 있는 만큼만 품고 살아가라.
감정이 젖은 채 살아간다는 것만큼 찝찝하고
무거운 삶이 없으니까.

연꽃

누가 예쁜 꽃에게 진흙을 묻혔을까.
누가 이리도 고운 꽃잎을 떼어 냈을까.

사람들이 참 못났구나.
자신보다 예쁜 것을 보면
변질시키고 싶은 욕구는 여전하구나.

꽃아, 그런 자들에게 너의 본연의 가치만큼은
잊지 말고 살아갔으면 한단다.

빛나는 너의 모습을 감추려
누군가 어둠에 잠식시킨다면,
사무치지 않고 더 잎을 피우려 노력하면 된단다.

오늘만큼은 너를 '연꽃'이라 정의하고
보듬어 주고 싶구나, 꽃아.

희미한 별

살아가는 것 자체만으로 불안한가요.
열심히 달리면 금방 지쳐 쓰러질 것 같고,
가만히 멈춰 있으면 무너지는 것 같아,
어떻게 살아가야 할지 방황하고 있나요.

괜찮아요. 당신 홀로 세상을 유영하고 있지 않아요.
고개를 조금만 올려 주윌 둘러보면
자신과 닮은 존재들이 많이 보일 거예요.

이들도 괜한 걱정과 고민으로 떠다니는 것이니,
먼저 다가가 포근히 안아 주세요.

같은 힘듦을 지닌 사람끼리
함께하는 것만으로도 큰 위로가 될 테니까요.

그리고 미리 걱정하지 말아요.
당신이 끙끙 앓고 있는 걱정의 96%는
이뤄지지 않을 '헛된 감정'이니까요.
나머지 4%도 잘 해결될 거예요.

이 사실을 당당히 말할 수 있는 이유,
지금 당신이 평범하게 살아가는
이 순간조차 특별함으로 이겨 내 왔기에
누리는 특권이니까요.

자아, 저 멀리 떠 있는 별을 바라봐요.
어떤 별은 환히 빛나는데,
어떤 별은 희미하기만 해요.

비교, 우리는 그것의 가치를
빛의 세기로 나누지만,
결국 똑같은 별일 뿐이에요.

그저, 누가 더 빠르게 우리에게 다가오는지
나타나는 세기일 뿐, 성질과 본질은 다르지 않죠.

맞아요, 당신이 빛나는 별이란 건 달라지지 않아요,
그저 걱정으로 빛이 희미해졌을 뿐이지.

무의미함

'나 이렇게도 살아도 되는 걸까?'
열심히 살아가는 와중에도 삶이 불안할 때가 있어.

남들보다 더 성장해야 할 것 같고,
지금밖에 기회가 없을 거란 강박으로 괴롭다면,
무의미한 시간을 온전히 지내봤으면 해.

자극적인 도파민이 나오는 활동이 아닌
잔잔하고 여유로운 상황에 놓이라는 거지.

가끔은 아무런 의미가 없는 것도
특별함이 묻어날 수 있으니까.
마치 우연히 걷다가 예쁜 풍경을 바라보고
마음이 따스해지는 경험처럼 말이야.

지겹도록 고생한 자신에게 안온한 시간을 건네면
더 나아진 삶을 살아갈 수 있을 거란다.

찬란해질 시간

오늘 하루도 수고 많았어.
매일 똑같은 일상을 버텨 내느라
지치고 힘들었을 텐데 우리가 또다시
밤의 끝에서 만났네.

비록 문장에서라도
나는 이 순간을 소중히 여기고 싶어.
이 넓은 지구에서 홀로 살아갈 수 없기에
나는 너란 유일한 존재가 필요하니까.

현재 떠오르는 사람이 있다면,
이 글을 함께 읽어도 좋아.

'고마워.'
'내일도 함께하자.'
'앞으로도 잘 부탁해.'

짧은 한마디라도 건네며
서로의 관계를 굳게 다졌으면 해.

곧 있으면 밤이 깊게 내려앉아,
짙은 어둠에 모든 것이 잠식될 시간이야.
너무 두려워하지 마, 옅은 빛을 띠는 네가
더 찬란해질 수 있는 시간이기도 하니까.

아프지만 마

아프지 않았으면 좋겠어, 나눌 수 없는
고통을 홀로 감내하는 널 지켜만 봐야 하니까.

잘 살아간다는 건 '돈', '지위'도 아닌
그저 건강히 행복하게 사는 거야.

그러니 앞선 욕심을 쫓지 않아도 돼,
노력하다 보면 좋은 결과들이
먼저 다가올 테니까.

나답게, 힘들면 힘들다고, 슬프면 슬프다고 말하며
감정을 솔직히 털어놓으려 하자.
하고 싶은 게 있으면 찬찬히 계획을 세워
이뤄 나가며 덜 후회하는 삶을 살아가자.

"한 번뿐인, 한 명뿐인 너의 삶을 응원할게."

오늘 밤

오늘 밤이 텅 비었으면 좋겠어.
깊게 내려앉은 어둠에 사무치지 않게,
쏟아지는 우울함에 잠식되지 않길 바라.

그저, 네가 더 밝은 환경에서
예쁘게 피어났으면 해.

감정이 짙게 변색되었을 때
얼마나 힘든 줄 알아서 그런 걸까.
너만큼은 나를 닮지 않았으면 좋겠어.

애써 밝게 웃는 게 아닌
진정 행복하여 입가에 예쁜 미소가 피고,

나아가는 길, 한 걸음 한 걸음에
두려움보다 설렘으로 가득했으면 해.

낮에 수없이 아팠던 우리,
밤마저 편히 못 쉬고 지쳐 울지 말자.
베개는 편히 눕는 곳이지,
설움을 받아 내는 용도가 아니니까.

세상에 걸터앉아, 글을 쓰다 보면
한 가지 크게 와닿는 게 있어.

사람들은 행복을 온전히 받아들이지 못해,
금방 떠나갈까, 내게 어울리지 않는 걸까,
싶은 마음에 항상 후회하곤 해.

금방 다가올 행복은 잘 받아 줘,
그 감정은 너만을 위한 것이니까.

잘될 거야

공부, 10대 학생들이 해야 할 일이
죽어야 할 이유로 변질되지 않길 바라요.

'어른'들의 압박, '대학'에 대한 부담을 조금만
줄이고 나의 삶을 더 돌보고 아꼈으면 해요.

건강을 잃게 되면 모든 것이
조각난 것처럼 흩어지니까요.

내가 하고 싶은 걸 찾고
나아가는 것도 하나의 방법이니
찬찬히 삶을 둘러보고
나만의 길로 걸어나갔으면 해요.

무엇이든 꿈꿀 수 있는 시기잖아요,
그 꿈은 부끄럽지 않고
남들에게 부러운 것일 테니, 당당해지세요.

우리 20대 청춘들은 취업을 목표로 하고 있지만,
계속되는 '취업난'으로 힘드실 걸 알아요.

저도 그랬거든요. 회사 60곳을 넣었는데
다 떨어져서 저의 가치와 자존감이
끝없이 내려갔던 적이 있어요.

정말, 가끔, 죽고 싶을 만큼 비참한 순간도 많겠지만,
분명 노력의 결과가 따라올 테니 포기하지 마요.

청춘,

우리는 가장 아름다운 현재를 살아가고 있어요.
금방 과거로 남을 이 순간,
여러분께서 행복을 위해
조금만 더 노력했으면 해요.

부담되는 말일 수도 있겠지만, 서로가 서로의 삶을
완전히 이해하고 공유할 수 없으니
이렇게나마 조심스레 말해 보아요.

"자신을 믿으세요, 생각했던 것보다
훨씬 뛰어난 사람일 테니까.

스스로 무너지지 말고
어떠한 환경이 들이닥쳐도 뽑히지만 말아요.

잘될 겁니다,

그렇게 살기 위해 태어난 사람이시니까요."

사람과 환경의 관계

A라는 사람은 유복한 집안에서 태어났으며
가족 관계가 매우 좋다.

B라는 사람은 평범한 집안에서 태어났으며
가족 관계는 어느 정도 괜찮은 편이다.

C라는 사람은 불우한 집안에서 태어났으며
가족 관계조차 불안정하다.

성격과 외모, 재력 모두 공평하다고 가정했을 때
A, B, C 당신은 어떤 사람과 친하게 지내고 싶나.

분명 대부분의 사람이 'A'를 선택했을 것처럼
사람과 환경의 관계는 매우 밀접하다.

당신이 좋은 사람을 만나고 싶다면,
좋은 환경에 머물러 있는 사람에게 다가가고,
나아지지 않는 상황 속에서
방황하고 싶다면 제자리에 머물러 있어라.

행운과 행복은 쉽게 따르지 않지만,
불안과 불행은 언제든 쉽게 다가오니까.

"어떤 사람과 인생을 함께 살아갈지는
당신의 '발걸음'에 달려 있다는 걸
간과하지 않았으면 좋겠다."

닮은 우리

아이들은 각자만의 개성이 있다.

어떤 아이는 맛있는 걸 먹을 때
세상에서 가장 행복한 미소를 짓고,

다른 아이는 새로운 걸 발견했을 때
호기심이 가득한 표정을 짓는다.

반면, 나와 당신은
오랜만에 느껴 본 행복일지라도
금방 불안함이 다가올 것 같아,
마음 편히 미소를 짓지 못하고,

새로움을 발견했을 땐,
어떠한 힘듦이 있을지부터
판단하기에 걱정된 표정을 짓는다.

지치지 않나,
어른으로 살아간다는 게.

그게 뭐길래,
사회가 만든 기준에 맞춰 살아가야 하는가.

우리 조금은 노선을 이탈해,
한결같았던 미소를 지어 보려 하자.

오랜만이라 어색할지라도,
잊히지 않을 순간에 행복은
우리를 도와줄 테니 한 번만 더
자신을 믿어 봐 주자.

격정과 고민

"마음이 마음처럼 안 되겠지만,
조금이라도 편안해지셨으면 합니다."

생각이 많아,
오랫동안 고립된 채 마음이 망가지고 있으실까요.
그렇다면 쓰라린 마음을 다독여 주고 싶어요.

생각이 많다는 건, '내가 하고 싶은 게,'
'해야 하는 게' 있다는 '증표'와도 같으니
너무 나쁘게만 받아들이지 않으셨으면 해요.

우리 단순하게 살아가 볼까요.
예를 들어 배고프면 밥 먹고,
자고 싶으면 수면하는 것만 해도
나름 잘 사는 중이라고 생각해요.

너의 존재

살아가고 싶은 순간보단
포기하고 싶은 순간이 더 많은 요즘,
너의 마음엔 곪은 상처가 가득하겠지.

새살이 돋을 수 없을 만큼
계속해서 아픈 일이 생기니
정신적으로도 크게 무너졌을까.

"괜찮아, 다 잘될 거야."와 같은
뻔한 위로는 하지 않을게.

"함께 무너지더라도 포기하진 말자."
우린 언제나 함께하고 있다는 걸 잊지 말고
매 순간 서로를 생각하며 같이 건너 보자.

문장으로 맞닿은 사이라 직접적인 온기를
나누진 못하더라도, 우리가 함께하고 있다는
마음은 변치 않을 테니 긍정적으로 생각하며
아무 걱정 없이 웃을 날을 기약해 보자.

태어나 줘서, 살아 줘서, 함께해 줘서 고마워,
너의 존재가 나에게만큼은 소중하단다.
그러니 너도 네 자신을 좀 더 사랑해 주렴.

한 번 믿어 보자, 아팠던 만큼 행복해질지,
울었던 만큼 웃을 수 있는지 지켜보자.
고갤 숙이기엔 살아갈 날이 더 많으니까.

조금은 기대할 만한 삶 속,
너와 나의 소망이 이뤄질 날,
그땐 아무 말 없이 세상을 바라보자.
옅은 소음일지라도 예쁜 화음처럼 들리며
지난날의 설움을 감히 달래 줄 테니까.

다 큰 어른

나이에 맞게 산다는 게 뭔지,
모든 걸 감내하고 살아야 하는 건지.

이젠 상황을 가려가며 울 줄 아는데
더 자중한 모습을 지니라고만 할 때.

다 큰 어른이 뭐라고,
예전과 다르지 않은 진솔한 나의 마음은
몇 없는 순수한 본질인데.

괜한 말로 인해 상처가 나고,
덧나지 않기 위해 타인과의 마찰을 피하고,
그러다가 사회에서 방황하고.

다 잃고, 또 혼자가 되고.
이젠 나까지 놓칠까 두렵다면
죽을힘, 살아갈 힘을 모두 담아 털어내길 바라.

삶, 경험, 빛

나의 삶이 의심될 때가 있다.

분명 남들처럼 평범히 살아온 것 같은데,
할 건 하면서 찬찬히 이뤄 온 것 같은데,
나만 제자리에 머문 듯한 느낌이 들어
무너지곤 한다.

주윌 둘러보면 모두 어디론가 앞서 뛰어가니,
뒤늦게라도 따라가야 할지 의문이라
초조함, 불안감에 뒤섞일 때도 있다.

선택의 기로, 여러 갈림길 앞에서
어떤 방식으로 삶을 살아갈지
정할 시기가 드디어 왔나 보다.

물론 언제든 방향을 돌릴 수도,
뒤로 돌아가 다시 시작할 수도 있지만,
변화를 두려워하는 성질이 있기에
오랜 시간 방황하나 보다.

당신도 나와 같다면, 우리 용기를 내어
'하고 싶은 일'과 '해야 할 일'이
적절히 융합된 길을 따라 걷자.

남들과 다른 길을 걷더라도 꿋꿋이
자신의 신념을 잃지 않고 나아간다면
분명 경험 하나쯤은 더 지닐 수 있을 것이다.

이것이 당장에 큰 변화로는
느껴지지 못할 수도 있지만,
삶에 있어서 가장 중요한 순간에
크게 빛을 발휘할 것이다.

동반

"우리 함께 무너질까요?"

일어서는 방법보다 무너지는 방법을
더 빨리 터득한 우리, 힘들 때 같이 주저앉아요.
홀로 좌절하는 것보다 서로 이야기를 나누며
감정을 공유하는 것이 낫잖아요.

나쁜 감정을 내게 옮겨도 괜찮으니
눈치 보지 말고 편히 안겨요.
감당하기 힘든 설움을 함께 소멸시키며,
금방 나아질 수 있도록 도와줄게요.

행복한 순간이 찾아왔다면,
미소를 한껏 지은 채 말해 주세요.
당신의 행복을 배 아파하지 않고
진심으로 축하해 주며 고생했다고 말해 줄게요.

나는 이런 사람이 되고 싶어요.
모든 날 모든 순간을 함께할 수 있는 사람,
떠나지 않고 제자리서 묵묵히 기다리는 사람.

위와 같은 저의 소망을 당신께 건넬게요,
"받아 주실 수 있을까요, 함께할 자격이요."

믿음

사랑해 주세요, 한 번뿐인 생애를 살아가고 있는
당신을 한없이 아껴 주고, 보살펴 주세요.

계절은 다시 돌아오지만 세월은 흘러가기에
떠나가는 순간에 아픔만을 두고 오지 말아요.

모든 게 멀어지고, 그러다 잊히고,
사라진다지만, 어느 한 사람은
당신을 안온히 기억할 거예요.

그러니 이 넓은 우주 공간 속에
홀로 있다는 생각은 하지 말아요.

살아갈 이유와 뒷받침이 되어 주는 힘이
아직은 없더라도 매 순간을 소중히 여겨 주세요.

당신에겐 하찮은, 보통의 것이
누군가에겐 특별함이 될 수 있으니,
언젠가 내게도 잊을 수 없는
장면이 남을 수도 있으니,

자신의 삶을 부정하지 말아요,
소중한 당신.

척척박사

어느 순간부터 우린 '척척박사'가 되었다.

힘들어도 괜찮은 척,
아파도 아무렇지 않은 척,
슬퍼도 울기보단 웃는 척.

감정을 숨기는 게 때론 도움이 되지만,
너무 오랫동안 감추며 살아가진 말자.
작은 행동일지라도 반복한다면
'습관'이 되어 고치기 힘들어지니까.

가끔은 솔직하게 털어놓으며
쌓인 감정이 순환될 수 있게끔 하자.
펑펑 울어 보기도, 완전히 무너져 보기도,
행복할 땐, 입가에 꽃이 만개한 것처럼 웃자.

나는 당신이 있는 그대로의 모습을 사랑하며
매 순간 소중하게 살아가길 바란다.
어떠한 모습이든 괜찮으니 사람들이
모두 나의 슬픔을 미워할 거란 생각은 하지 말자.

나 또한 당신이 서글피 울 때,
같이 울 수도 있고,
행복할 땐 서로를 지그시 바라보며
아이와 같은 순수한 미소를 띠어 줄 테니.

비가 오는 날

비가 오는 날엔 몸도 마음도 착잡해지지만,
소리 내어 울 수 있어 마냥 미워하지 못한다.

어쩌다, 나는 비가 오는 날에만
참아 왔던 눈물을 왈칵 쏟아 내게 됐을까.

과거를 되짚기엔 너무나 아플 것 같아
애꿎은 현재 탄식만 내뱉을 뿐이다.

또한, 설움이 고이기만 했으면 속내가
썩어 곪았을 테니 다행스럽기도 하다.

괜한 핑계로 감정을 억눌러 왔을 때와
괜한 사유로 감정을 쏟아 냈을 때를 비교하면
확실히 내뱉고 한결 가벼워지는 게 낫다.

그러니 감정을 쌓기만 하고 있다면
나처럼 '비가 오는 날'이라는 핑계로
한 번 소리 내어 울어도 좋으니 너무 참지 마라.

확연히 다른 차이가 느껴지고
금방 더 가파른 성장을 할 것이다.

인생을 살아가며 느낀 건
무겁게 사는 것보다 한결 가볍고
재치 있게 나아가는 것이 더 중요하기 때문이다.

마음의 여유

힘든 상황 속에서도
여유를 지키려 하는 사람이 있다.

부서지지 않기 위해
자신의 마음을 부드럽게 하는 건
여러 상황을 이겨 낸 사람이란 뜻이다.

한 번을 이기기 위해서
수백 번을 진다는 말도 있듯,

여유롭게 지나간다는 건,
그리 쉬운 일이 아니다.

지금 힘든 상황에 처해 있다면
자신의 기량만큼 여유롭게 생각해라.

아무리 복잡하고 해결될 것 같지 않을
문제일지라도 해결책이 되어 줄 테니
자신의 '유연성'을 믿고 몸을 맡겨라.

그것이 어떠한 결과를 불러일으킬진
오로지 당신만 알고 있을 테니
단단히 믿고 버텨 내라.

외면

가끔 그런 날이 있다.

세상이 나를 등지며
외면하는 순간.

사람도, 사랑도
모두가 날 부정해,

혼자가 되어 외로움을
폭식하는 시기가 있다.

헤어 나오려
안간힘을 다하지만,

같은 자리를 맴돌며
더 큰 불안감에 휩싸인다.

이럴 때 가장 좋은 방법은
'원래의 일상과 똑같이 사는 거다.'

변화라는 건 굉장히 자연스럽다.
하늘의 날씨만 봐도 변덕이니
자신의 마음에 햇볕이
내리쬘 때까지 평범함을 유지하자.

결코, 삶은 당신을 배신하지 않는다.
잠시 역경이란 숙제를 맡겨 놓고,

숙제가 끝나면 행복을 안겨 주는
연속적인 순간 속 일부에 있을 뿐이다.

시야

무심히 지나쳐 갈 풍경을
오랫동안 간직하고 싶을 때가 있다.

그간 알아채지 못했던
사람들의 패션,
처음 보는 새의 형체,
계절이 얼마만큼 익었는지 알려주는 나뭇잎.

평범하지만,
때론 특별하게 여겨질 만한 것이
지친 가슴을 다독이며 설움이 벅차오른다.

외면하지 않았더라면 지나온 삶이 괜찮았으려나,
익숙해져서 지금 같은 감정을 느끼지 못했으려나.

이처럼 가만히 잊지 못하는 마음과 다르게
시야에 고요히 담기는 세상이 있어서 다행이다.

다음날 맞이할 날씨를
온전히 알아낼 수 없듯,

앞날의 펼쳐질 순간들이 어떨지는 몰라도,
이토록 평온한 날도 있을 거란 믿음 하나.

스스로를 신뢰하기 위한 마음가짐이
사방에 놓여있다는 걸 알게 된 하루를
소중히 담아 지그시 눈을 감아본다.

괜찮지 않아

괜찮다는 말보다
괜찮지 않다는 말을 얼마나 꺼내어
속내를 깊이 털어놓아 봤을까.

스스로 속이며 그간의 곪은 상처를
방관한 것이 이어져, 우리는 지속해서
외롭고, 힘들고, 지치기만 한 게 아닐까.

그래, 오늘만큼이라도 얘기해 보자.
'나 괜찮지 않아.' 이 말 한마디를
꺼냄으로써 우리는 이해받을 테니까.

누군가에게 들리지 않더라도 괜찮다.
내게 건네주는 위로가 될 수 있으니
함부로 말해 줘도 좋다.

당신의 쌓인 설움을 차근차근 빼내며
한결 가벼워진 마음으로 살아가 보자.
분명 더 잘될 것이니 불안해하지 말고.

자초한 길

꿈을 품는다는 건
수많은 책임이 따른다.

모든 선택과 결정의 무게는 무겁겠지만,
유독 자신의 미래에 관해서는 더욱
엄격하게 받아들일 수밖에 없다.

사람은 안정성을 매우 중요하게 여겨
위험 부담이 있는 것을 겁내기 때문이다.

하지만, 우린 현재의
일방적인 삶을 살아 내는 동안
수많은 위험에 노출됐었고,
이를 끊임없이 극복해 나아갔다.

울기밖에 못 했던 아이가
자신이 원하는 방향대로 삶을 설정하는 것,

엄마를 목 놓아 부르던 꼬마가
이젠 가족의 안식이 되어 준다는 것.

이미 당신은 멋진 사람이다.
위험과 책임이 따르더라도
감당할 수 있는 사람이니 용기 내라.

시도하면 뭐든 이룰 것이다.

비처럼 내리는 꽃

아픔이 흩날릴 때,
어찌 설움만이 떨어지겠나.

그간 애썼던 노력도
당신의 속상함을 이해하여
곱게 안아 줄 터이니 걱정하지 말아라.

비처럼 내리는 꽃 사이,
생기를 잃은 것들만 낙화하는 것이 아닌,

청초한 색을 지닌 것들도 함께 떨어져
최선을 다한 당신에게로 향할 테니
그 아름다운 순간을 잊지 말아라.

살아가는 게 힘들지라도
때에 따라 행복과 함께 웃을 날이 온다.

그러니 역경과 시련이
연속적으로 이어지지 않을 거란
희망을 품은 채 묵묵히 살아가자.

"가끔은 내려놓아도 괜찮아."

4장, 힘을 뺀 채 살아가기

나는 해낸다

故정주영 회장님의 명언 중 "임자, 해 봤어?"

해 보지도 않고 생각만 했던 내게 '경험의 중요성'과
'그에 따른 가치'를 일깨워 준 명언이다.

우리는 '새로운 것'에 겁을 먹고 뒷걸음질을 치며
접근하기를 굉장히 두려워하는 성질을 지녔다.

원래 인간이란 익숙하지 못한 환경에
완전히 적응할 때까지 불안정한 시기를 겪기에
당연하다고 볼 수 있지만,

당신이 지닌 두려움을
'설렘'으로 변질시켜 나아갔으면 좋겠다.

나 또한, 마이스터고, 공대 출신이라
처음 문학인이 된다고 했을 때 주변인들의
비웃음거리였지만, 지금은 떳떳이 도서를 출간하며
많은 독자에게 큰 힘이 되어 주는 사람이 되려 한다.

그래, 나도 포기하고 싶고, 돌아가고 싶었던 순간이
끝없이 많았지만, 아직 결과는 모른다는 생각으로
한계에 자꾸만 부딪혀 왔다.

가난에 허덕이고, 몸은 망가질 대로 무너졌었지만,
마음 한편 '간절함'은 결코, 부서지지 않았다.

"나도 이뤘으니 당신도 할 수 있다."라는 메시지보단
미리 겁먹지 말고, 후회 없이 자신이 하고 싶은 일을
잘 이뤄 나가길 바라는 마음으로 여백을 채운다.

남들의 시선, 그거 잠깐이고
불확실함 속 두려움, 그거 순간이다.
그러니 찰나의 시공으로 자신의 꿈을 놓지 마라.
내가 이룬다면 이룬다는 거지, 무슨 말이 필요하냐.

자신을 믿고 나아가자, 스스로 생각했던 것보다
나는 더 대단한 사람일지도 모른다.
그 재능을 펼칠 사람은 오로지 자신뿐이니 보여 줘라.

"내가 얼마만큼 소중하고 특별한 존재인지,
과거 하찮았던 순간은 성공을 위한 발판이었다는 걸,
증명하고 보여 줄 수 있는 때는 언제나 '현재'이다."

모형

우린 처음에 네모난 모양으로 태어났기에
구를 때마다 몹시 고통스러웠을 것이다.

그렇게 다져진 부위는 어느덧 둥글게 변하여,
예전보다 훨씬 수월하게 나아갈 수 있게 된다.

하지만, 계속해서 구르고 마모된다는 건
달라지지 않은 사실.

덜 아프고 고통에 조금은 익숙해진 것뿐인데,
우리는 자신이 강해졌다고 스스로를 속이며,
힘듦을 몰라줄 때가 있다.

그러다 망가질라, 잠시 멈춰
자신의 지난 세월 바라보고, 토닥여 주기도 하자.

사람

설움이 묻어나도 괜찮다며 더 꽉 안아 주는 사람,
이야기를 경청하며 속앓이를 덜어 내 주는 사람,
나의 편이 되어 함께 욕해 주고
다독여 주는 사람이 좋다.

사람으로 웃고 우는 나와 당신.
때론 사람이 두렵고 미울 순 있지만,
그 아픔을 다독여 주고 치유해 줄 사람도 있다는
사실을 잊지 않았으면 좋겠다.

우리는 언제나 외로운 사람들이기에
누군가가 필요하듯, 그들 또한,
당신의 존재가 간절할 것이다.

즉, 세상에 필요 없는 존재는 없다.

좋은 인간관계를 형성하는 것만으로도
삶이 완전히 달라질 수 있으니 나에게 맞는
사람들과 오랫동안 함께 잘 지내어 보자.

후회

"후회는 길고 인생은 짧다."

즉, 우리는 짧은 인생 속에서
기나긴 후회를 하며 애처롭게 살아간다.

이것을 극복하기 위해선 '현재'에 최선을 다해야 한다.
왜냐하면, 현재를 방황하면 과거에는 후회가 남고,
아직 다가오지 않은 미래에 대한
두려움이 생기기 때문이다.

나아갈 타이밍, 그것은 자기 자신이 만드는 것이지,
보이지 않는 '운명' 따위가 결정할 게 아니다.

행복하길 바라면서 아무런 노력도 하지 않으면
로또를 사지 않고 1등을 기대하는 것과 다름없듯이,
헛된 희망만을 기다리고 있어서는 달라질 게 없다.

움직여야 한다. 가만히 있으면
변화되지 않는 곳에서 고립되어 무너져 갈 뿐이니까.

할 수 있다. 보란 듯 당신은 무엇이든 해내어,
누군가 미소를 탐낼 만큼 행복해질 사람이니
자신을 믿고 나아가라.

삶의 끝에서 덜 후회하기 위해.

실패한 작가

4년간 글을 써왔지만,
당당히 자부할 수 있는 책을 집필하진 못했다.

그에 따른 결과를 수치로도 확인할 수 있는데
나보다 문학에 더 늦게 입성한 작가의 도서가
훨씬 더 높은 판매 수량을 기록할 때가 있다.

솔직히 좌절도 많이 했다.
아무리 노력해도 닿을 수 없는 지평선처럼,
내 문학은 많은 사람에게 와닿지 못할 것 같았다.

처음으로 좋아하는 일이자,
오랫동안 할 수 있을 거란 신념 하나.
이것만큼은 사라지지 않았기에
나는 끝나지 않은 실패를 인정하기로 했다.

뛰어나진 않아도 꾸준하니까.
돋보이진 않아도 챙겨 봐주는 독자가 있으니까.
무엇보다 이젠 부모님도 응원할 만큼
삶의 청춘을 모두 문학으로 소모하고 있으니까.

그거면 됐다.
포기하지 않은 것에 중점을 두고
앞으로의 이야기에 더 집중한다.

깨끗하고 순수한
나의 본질을 표현할 수 있는 유일한 무대,
그대가 없었더라면 일기장으로만 남았을 삶.

이제야 깨달은 진실,

혼자가 아닌 작가는
둘로 나눌 수 있는 문장은
결국, 나의 성공이었다는 걸.

지우개

좋은 기억은 옅게,
나쁜 기억은 짙게 남아,
오랫동안 자신을 괴롭힌다.

이처럼 행복의 효력은 짧고,
나쁨의 상태는 길게 유지된다.

제시된 두 가지 감정만으로도
인생이 얼마나 허무함의 연속인지
알 수 있기에 많은 이가 삶을 비판한다.

만약 기억을 지워 주는 지우개가 있다면,
당신은 불행한 기억을 모두 없애고,
행복한 기억만을 남게 할 것인가.

내게 그런 지우개가 있다면 사용하지 않고
과거와 현재, 미래를 모두 온전히 품을 것이다.

나쁜 기억엔 '불안', '공포'도 있겠지만,
'경계', '의심', '기반'도 함께 형성되어
삶의 원동력이 되기도 한다.

또한, 최선을 다하다 보면
과거의 기억들이 차츰 밀려나며
나아질 수도 있을 터인데,

몇몇 사람들은
지나간 순간에 사로잡혀
억지로 기억을 드러냈다,
다시 사그라뜨리길 무한 반복한다.

세상에 존재하지 않는
'기억을 지워 주는 지우개'처럼
위와 같은 상황에서는 기억도
현재도 바꿀 수 없다는 사실.

즉, 잊고 싶은 기억은 좋은 생각으로 채우거나
시간의 흐름으로 점차 희미해지길 기다릴 뿐이다.

우리가 진짜 힘든 이유

사람들은 돈, 권력, 직위, 신분과 같은
부가적인 요소와 타고난 재능을 비교하며 힘들어한다.

물론 나도 그럴 때가 있었다.

"저 사람보다 내가 더 열심히 사는 것 같은데
어째서 행복의 농도는 다른 것일까."

이처럼 비교는 끝없이 시기와 질투를 남겨,
자신의 삶을 부정적으로 망가뜨린다.

하지만 비교를 완전히 안 할 수는 없다.
사람의 욕구 중 '탐욕'은 쉽게 사무치지 않기에
'조절'이란 수식어를 갖다 붙이는 게 전부다.

어느 정도 타인을 이해하고,
자신의 삶을 보살필 줄 아는 삶을 살아라.

알맞지 않은 것을 따라 하려다가
본연의 모습조차 잃게 된다면
자신의 모든 삶을 부정당하는 건 물론,
살아갈 이유도 사라질지 모른다.

앞서 말한 '부가적인 요소'에 집착하지 말고
'중점적인 요소'인 '행복'과 '안정', '건강'에
더 집중하길 바란다.

잃어가는 연습

삶에 수많은 마찰이 생길 땐,
덜어내는 연습을 해야 한다.

인간관계에 적용하자면
사람과 대면하는 상황을 줄여야 좋고,

감정에 적용하자면
일어나지 않을 걱정부터 덜어내면 된다.

많이 품어서 좋은 건 행복과 안정밖에 없다.
외에 다른 것은 욕심으로 변질되어
다른 상처로 안길 때가 있다.

쌓는 연습은 충분히 했다.
어릴 적 경쟁으로부터 살아남기 위해
애썼던 시절 지나,

이젠 아쉬워하지 않는 방법을 알아야
더 나은 삶에 도달할 수 있을 것이다.

이롭게 사는 것에 기반은
해로운 것이 없어야지만
가능하다는 걸 기억하자.

말의 힘

사람을 가장 고통스럽게 하는 방법이
뭐가 있을지 생각해 봤습니다.
머릿속에 여러 가지 상황이 연출되었지만,
역시나 '말'을 이길 만한 것이 없더라고요.

보이지 않는 것에 아파해야 한다는 사실이
참 비참합니다. 상대방이 생각 없이 뱉은 말로
무너지고 일어나길 반복하는
우리 인간은 너무나 여린 존재입니다.

저 또한 그렇습니다, 위로를 건네는 작가이기 전에
'한 사람'으로써 '말'로 수없이 아파했습니다.
몇몇 독자분들의 악성 댓글과 비수가 담긴 말로
크게 무너질 때도 잦습니다.

아쉽게도 나를 미워하는 사람이 생길 수밖에 없습니다.
왜냐하면, 자신이 이루지 못한 것을 타인이 지니고
있을 때 형성되는 욕망과 원한이 대표적인 예시입니다.

여러분은 어떤 사람이 되고 싶습니까,
착한 사람, 못된 사람의 기준이 아닌
'나를 나타낼 수 있는 한 문장'이 있으십니까.

표현하기 힘든 나란 사람,
우리는 말과 문장으로 중요한 것을 나타내기보단
상대를 평가하기 바빴을 겁니다.

세상에서 가장 멍청한 짓

'죽고 싶다는 말을 입에 달고 사는 짓'

나는 하루에도 수십 건씩 몇몇 독자에게
'죽고 싶어요.'와 같은 말을 듣는다.
아무리 따듯한 말을 전해 주는
나일지라도 그 순간만큼은 냉정해진다.

"정말 죽고 싶으신 거예요? 아니 잘살고 싶은데
인생이 뜻대로 안 돼서 힘드신 걸까요?"

선택지를 두 개 건넬 뿐,
돌아오는 답장에는 반응하지 않는다.

어차피 현재 그들은 크게 지쳤기에 같은 말만 할 테니
조금 더 시간이 지난 후에 물어보는 것이 낫다.

"용기 내서 연락한 것일 수도 있는데
너무한 것 같아요."

이 말도 참 많이 들었는데,
내가 세상에서 가장 한심스러워하는 행동은
'자신의 고통'을 단 한마디로 요약하며
수많은 타인에게 쉽게 흘리는 것이다.

사람마다 감정이 스며들고 빠져나가는 속도가
다르니 예의가 없다는 생각이 든다.

물론, 힘들다면 힘들다고 표현하는 것이 맞겠지만,
생을 포기하겠다는 말만큼은 아끼며
자신에게 물어보는 것이 가장 효율적이다.

그것이 약점이 될 수도, 타인에게 또 다른 상처로
돌아올 수 있는 게 '죽음'이라는 사실을 잊지 말자.

나의 삶

"누가 우리의 인생을 정해 놓았나요?"

10대 때는 '학업'을 위해
20대 때는 '취업'을 위해
30대 때는 '결혼과 안정'을 위해
살아가라는 일정표를 누가 만들었을까요.

'정해진 삶', 숙제처럼 자꾸만 해결하려다
망가지는 나의 인생을 다시 되돌아보아요.

우린 분명 하고 싶은 게, 꿈꿔 왔던 게,
이루고 싶었던 게 있었고, 앞으로도 있을 거예요.

조급히 타인이 향하는 길로만 따라가려 하지 마요.
왜, 자신의 인생을 남에게 대입하며 살아가요.
그 길이 완전히 옳지 않을 수도 있잖아요.

무엇을 꿈꾸든, 실행하든 괜찮아요.
누구나 가슴 깊이 '갈망'하는 것이 있으니까요.

드러내도 괜찮을까, 남들이 나를 무시하지 않을까,
하는 생각은 잠시 접어 두고 현재에 집중해 보세요.

이끌리는 무언가 떠오르고 품어졌다면
조금이라도 실천하고 나아가세요.

저는 가장 많이 들었던 말이 '꼴통'이었어요.
왜냐하면, 남들이 살라는 대로 안 살았거든요.
돈이 없어도 하고 싶은 건 무조건 해야만 하는
성격이었기에 지난 삶이 힘들긴 했어도 후회 없어요.

무언가를 이뤘고, 떳떳한 사람으로 성장하니
현재는 저란 '꼴통'을 부러워하는 사람도 생겼고요.

당신도 해낼 수 있어요. 그냥 하는 말 아니고,
정말 무엇이든 이룰 수 있는 역량을 지닌 당신이니까,
조금만 더 집중해 보아요. 나의 삶에, 꿈에, 희망에.

대신 살아갈 수 없기에

타인이 무심코 내뱉은 말에
상처를 받으며 무너지는 사람이 있다.

주변의 영향을 많이 받는,
내면이 예민한 사람일수록 깊이감이 달라진다.

다만, 아픔의 속성은 같기에
날카로운 것에 베인 것처럼
속에서 피가 나기 마련이다.

이 상처를 어떻게 받아들이냐에 따라
내면과 삶이 완전히 달라질 수 있다는
사실 하나만큼은 명백히 기억하자.

의견을 받아들이는 방법이 확실히 구분된 사람과
그렇지 못한 사람의 '재생 시간'은 다르다.
이점을 보완하기 위해서 자신만의 '기준'과
'신념'이 일정히 유지되어야 한다.

가장 먼저 '자신을 사랑하기.'부터
'타인의 의견을 반영만 하기.'
'나에게 상처 주는 사람을 멀리하기.'

위와 같이 '오로지 나를 위한 삶의 프로세스'를
만들어야 덜 아프고 더 나은 인간관계를
형성할 수 있다.

처음엔 어려울 것이다. 정을 놓는 방법부터,
나를 사랑하는 것까지 모든 것이 처음이기에
서툴고 투박할 수밖에 없다.

하지만, 이러한 과정을 겪지 않고서는 성장하지 못한다.
언젠가 한 번쯤은 이겨 내야 할 상황이기에
잘 극복하여 앞으로의 삶을 안정적으로
이뤄 내길 바란다.

마지막으로 내게 딱 한 번만 주어진 삶을
괜히 다른 사람으로 인해 망치지는 말자.

"내 인생은 내가 살아가는 거지,
타인이 대신 살아 줄 수 있는 게 아니다."

난생처음

사람들은 모든 것에 지나친 기대를 한다. 예를 들어
"내가 이 정도 했으니 이만큼의 결과 정도는 따라
주겠지."와 같은 헛된 희망을 현실에 반영시킨다.

우리가 하는 수많은 예상이
빗나간다는 점을 간과하지 말아야 한다.
처음엔 실망으로 끝낼 수 있겠지만,
점차 '자기 혐오'에 빠져 무너지곤 하니까.

아무리 익숙한 것일지라도, 시도라는 것엔
'난생처음'이라고 의미 부여할 수 있다.

예를 들어, 내가 사랑하는 것만큼 상대방이
나를 사랑해 줄 수 없는 것처럼,
내가 노력한 만큼 결과가 따라 주지 않는 건
오롯이 내 책임이 아니란 말이다.

"그렇게 피하기만 하면 발전할 수 없는 거 아니야?"

맞는 말이다.
하지만, 내가 당장 무너져 있는데
뭐라도 해야 나아지지 않겠나.

그 최후의 수단을 지금 말해 주는 것뿐,
나의 말에 100% 공감해 줄 필요는 없다.

가끔 써먹어라. "아, 난생처음이라 실수했네."
다음에 더 잘하면 된다.
그렇게 도망칠 줄도 알아야 더 큰일,
다음 일도 해낼 수 있다.

중위 소득

어릴 적 집안 형편이 좋지 않았기 때문에,
아버지는 매일같이 야근, 어머니는 집에서
마스크팩 접기 부업을 하시며 생계를 유지하셨다.

당시, 고사리 같은 손으로 어머니를 도와드리고자
마스크를 10개 정도 힘겹게 접으면 엄청 큰돈을
번 줄 알고 기뻐했었던 게 문득 떠오른다.

그때부터였을까, 내가 죽기 살기로 돈을 모으고자
다짐했던 현재의 모습을 만들었나 보다.
그래, 불법이고 뭐고
돈을 벌 수만 있다면 뭐든지 하고 싶었다.

내가 망가지더라도 우리 가족이 행복할 수 있다면,
그 무엇이든 해낼 만큼의 용기와 패기를 지녔다.
하지만, 이것은 어느 순간부터 닿을 수 없는
'욕심'에 불과했다.

하루에 많이 벌어야 '10만 원'이란 계산이 내려지니
나의 가치를 의심하게 되고, 자괴감이 쏟아져 내렸다.

"이렇게 살아가 봤자, 집은 무슨,
하루살이처럼 아등바등 살다 죽겠네."

이 말을 수없이 중얼거리는 게 습관이 될 만큼
나는 무너졌지만, 멈춰 있을 순 없었다.
가만히 있으면 굶는 게 현실이고,
그게 어른의 삶이니까.

하지만, 비참한 나와 반대로 인스타그램에서는
'매달 천만 원'을 쉽게 버는 사람들이 자주 보여
괴리감에 휩싸이곤 했다.

"아니, 저렇게만 하는데 무슨 큰돈을 벌지, 근데
이걸 사람들은 신앙처럼 여기네, 세상이 미쳤구나."

내가 본 SNS 세계는 이해할 수 없는 구조이자
알고리즘이었다.

'성공'한 사람들만의 삶을 눈여겨보고 정작,
자신의 삶과 '실패'한 사람들의 사연은
거들떠보지도 않았기 때문이다.

"음, 그럼 나도 이렇게 사람들의 심리를 이용해 볼까."
라는 생각도 잠시 했지만, 선천적으로
'마음 약한 호구'로 태어났기에 금방 포기했다.

'그러면 나는 어떻게 살까?'와 같은 질문을 5개월간
끝없이 고민해 봤지만 결론이 나질 않아, 머리가
터질 것만 같았던 때, 한 가지 기사를 보게 되었다.

제목은 가물가물하지만, 내용은 확실히 기억나는
'중위 소득'에 관한 것이었다. 우리나라 청년들이
평균적으로 버는 돈은 300만 원 이상이지만,
중위 소득 50%를 기준으로 따졌을 땐
230만 원 정도가 나온다는 얘기였다.
즉, 우리는 높은 수치만을 보고
상대적 박탈감을 느낀다는 것이었다.

내가 자꾸만 특별함에도,
평범함에도 다가설 수 없던 이유를 찾았다.

(%)로 소득을 나누는 건 '참고용'일 뿐인데,
그걸 가지고 비교만 해서 안정적일 수 없었다.

나는 지금 하루 '10만 원'을 버는 것만으로도
누군가에겐 부러움의 대상이 될 수 있는데
정석적인 현실을 간과했던 것이었다.

생각의 전환, 주어진 현실에 집중하다 보면
삶의 객관적인 면모를 찾을 수 있다.

그것을 '중위 소득', '기사' 한 줄로 알았듯이,
삶은 굉장히 계산적이면서도 단순하다.

잊지 말아야 할 진실

가끔은 져도 괜찮아.
이기기 위해서만 살면 너무 힘드니까.

너답게 살아가,
언제까지 비교하며 살아갈 건데.

끝이 없어, 현재 너의 질투 대상이
또 다른 사람을 질투하듯
인생에 타협점을 찾지 못하면 늘 불행할 거야.

나도 그래, 누구보다 잘 살고 싶어서
공장에서 버텨 보기도 하고
밤낮없이 일하며 간절하게 살아 봤어.

근데 남은 게 뭔지 아니.
외로움과 공허함,
그리고 더 큰 탐욕과 질투야.

짐승들은 자기의 배가 부르면
더 이상 사냥을 하지 않고 쉬어.

근데 사람은 배가 불러도 사냥하며
잘살기 위해 아득바득 살아간단다.

그래, 다 그러고 사는데
너라도 너답게 살며 행복하길 바라.

힘든 거 알아, 뒤처진 것 같을 때도 있겠지.
근데 너의 웃음의 가치는 그 무엇이랑도 못 바꿔.

잊지 마, 누구는 웃음 한 번 못 짓고 죽어,
근데 너는 사소한 것에도 행복해하며
후회 없이 산다면 진짜 승자일 거야.

새로운 안식

과거에 사무쳐 헤어 나오지 못하는 것,
돌아오지 않을 시간을 기다리고 있는 것만큼
후회되고 원망스러운 시간은 없을 거란다.

한 걸음 내딛기 힘들다면 반 폭이라도 움직여라.
우리는 조금씩 앞으로 나아가야, 변화에 힘입어
아름다운 미래를 맞이할 수 있단다.

익숙해진 상황을 벗어나,
새로운 미래에 직면해야 한다는 건
그리 쉽지 않은 일이라는 걸 안단다.

하지만, 너는 지금껏 수많은 역경을 이겨 내어
특별한 것조차 평범하게 느낄 만큼 성장했으니
자존감을 낮추지 말고, 자신을 더욱 믿으며 나아가라.

잊지 마라, 뭐든 처음이 가장 힘들지라도
시간 지나, 점차 익숙해지고 안정감이 느껴진다는걸.

두려움이 변질되어 또 하나의 도피처이자
나의 안식이 되어 줄 수도 있다는 걸 기억하자.

실행

해 보자, 두려움에 잠식되지 않고
뭐라도 나서서 실행에 옮기려 하자.

쫄지 말자, 설령 뭐가 잘못된다 한들
우린 죽을 날보단 살아갈 날이 더 많기에
분명 기회는 다시 오리라 믿자.

가능하다, 우리는 지금껏 우는 법부터
걷는 것까지 '평범함'을 얻기 위해
수없이 노력해 온 사람이다.

잊지 말자, '나' 자신만 두고 봤을 때
절대적으로 못난 사람이 아닌 '특별한 존재'다.

무시해라, 내게 긍정이 아닌 부정을 건네주는 사람과의
교류를 과감히 끊거나 무시해 버리자.

겁낼 것 없다, 기껏해야 또 힘들 거
우리 이미 충분히 견뎌 내 왔기에
이젠 행복을 향해 무식하게 나아가자.

억지로 말고 '제대로 살아 보자.'
기회는 언제나 현재에서 바뀌니
지금 이 순간만큼이라도 내 생을 믿어 보자.

술

내일이 없이 살았을 때
술을 진탕 마셨었다.

한 잔, 두 잔, 취기가 올라오면
아무 생각이 없어져 기분이 좋았다.

고민과 걱정에서 벗어날 수 있다는 게,
내 삶의 유일한 도피처가 있다는 게,
그 당시에는 다행이라 여겼다.

하지만, 술에 취한다는 건 잠시일 뿐,
눈을 뜨고 다시 일어났을 때 마주할
현실들은 더욱 비참했다.

말라 가는 몸, 힘이 풀린 동공, 떨리는 두 손,
소중한 사람들과의 이별.

모든 것을 잃었다는 생각이 들 때,
내가 게워 낸 것은 지독히 아픈 설움이었다.

그 후로 나는 술을 거의 끊다시피 살아간다.
종종 내일이 없이 살아가고 싶을 때가 있지만,
감당하지 못할 과거의 순간이 생각나 고개를 숙인다.

당신도 잘못된 도피처가 있다면,
빠르게 끊어 내고 살아가길 바란다.
의존이라는 건 일부를 빌리는 거지,
완전함이 될 수 없기 때문이다.

이것을 누가 빨리 깨닫느냐에 따라,
당신의 미래가 뒤바뀐다는 사실을 간과하지 마라.

포기

사람들은 무엇이든 이겨 내려고만 한다.
선천적으로 타고난 '재능'인 걸까.
후천적으로 생겨난 '승부욕'일까.

정확한 원인은 알 수 없지만,
'지는 방법도 알아야 이기는 방법도 안다.'

한 가지 문제에 매달려 '집착'하는 게
나쁘다고 할 순 없다.

당신이 그 문제를 해결함으로써 성장한다면
응원할 수 있지만, 건강을 잃으면서까지
놓지 못하는 건 말려야 할 문제이다.

짊어지고 산다는 게 쉽지 않은 걸 알고,
책임지고 산다는 게 버거운 것도 안다.

근데 당신이 그렇게까지 아파하면서
지켜야 할 것이라면, 거울 속 자신의 모습을
한 번 더 바라보고 다시 생각하길 바란다.

예전과 다르게 안색이 좋지 않다면,
누추해진 모습이 느껴진다면
당신은 세상 하나뿐인 가장 소중한 것을
지키지 못한 채 허영한 인생을 산다는 것이니까.

치매

"세상에서 가장 고통스러운 질병이 뭘까."

아픔이란 주제로 글을 쓰던 중
문득 고통의 수치를 비교하기 시작했다.

암, 피부 질환, 기관지 등등 다양하지만,
나의 상식에서 벗어난 어머니의 말씀.

"치매, 가족의 소중한 기억을 잃고
다시 어린아이가 되는 것이 두려워."

기억을 잃는다는 게
가장 아픈 질병이라니
당시엔 이해하기 힘들었지만
시간이 점차 흐르니 이해가 간다.

모든 사람은 죽음을 맞이하는데
그 순간 자신이 잊히는 게
가장 두렵다는 사실을 깨달았으니까.

한평생을 살아왔던 지구에서
존재를 부정당하는 것만큼
괴로운 일이 세상에 어딨을까.

우리가 살아 있는 한
함께 살아 숨 쉬는 기억들을 소중히 간직하자.

슬프고, 힘들었던 기억조차 붙잡으려
발버둥 칠 날이 올 테니.

대화

세상을 통제하려면 '돈', '권력'이 필요하다고
생각하겠지만, 내겐 '언론'만큼 무서운 게 없다.

말과 글을 잘 쓰는 사람을 조심하는 이유,
상대방의 감정을 파고들어 자신만의 무기를 심고
유유히 빠져나가, 오랜 여운을 주기 때문이다.

나 또한, 여러 작가님과 대화할 때 '긴장'을 풀지 않는
이유가 위와 같은 부분에 강박이 있기 때문이다.

당신이 무언가를 쟁취하기 위해선
'혼자' 싸우는 것이 아닌 '상대'와의 대화에서
어떻게 이겨야 하는지가 관건이다.

소통이 그렇게 무서운 것이다.
말 한 번 잘못하면 쉴 새 없이 퍼져 나가,
보이지 않는 불행으로 겹쳐진다는 것도 잊지 말자.

현재

인생은 'Next'의 연속이다.
항상 무언가를 이루면 또다시
다른 것을 이루기 위해 살아간다.

벗어날 수 없는 굴레일까.
잠시 쉬는 것조차도 불안하니
정신을 겨우 붙잡은 채 살아간다.

벅차고 비참해지는 삶,
'Last'라는 마침표를 찍길 갈망했다.

죽기 전이 아니라,
가장 아름다운 청춘인 현재에
버거웠던 모든 것을 후회 없이 내려놓고 싶었다.

그러던 중 우연히 듣게 된 조언,

"태어난 순간, 아무것도 지니지 않았던 것처럼
마지막 순간, 지니고 있던 모든 것을 내려놓아야 한다."
즉, 우리는 다음을 통해 동시다발적으로
잃고, 얻고를 반복하며 소모될 뿐이다.

내가 수십 년간 고뇌했던 문제를
단 몇십 초 안에 해결해 준 답안이었다.

그래, 우리가 놓인 시제는 현재다.
다음과 끝은 불투명한 머나먼 이야기이니
오로지 현재에 최선을 다해,
자신감과 믿음으로 다가올
여러 상황과 순간에 기지를 발휘하면 된다.

과거와 미래 모두를 두려워하지 않고,
현재에 감사하며, 후회 없이 산다는 것.

'Now' 오로지 지금뿐이니 더 값진
시공 속에 우리는 피어나고 있구나.

사랑

우리는 자신보다 타인을
더 사랑하려는 성향을 지녔다.

나쁜 건 아니지만, 자존감을 높이기 위해선
결코, 좋지 않은 방법이다.

자신을 사랑할 줄 알아야
타인을 더욱 사랑할 줄도 아는 법이고,
나에 대한 애정이 없다면,
그 무엇에도 불안감을 느끼기 쉽다.

조금 더 표현을 격하게 하자면,
'자신을 방관하지 말 것'

스스로 사랑하는 방법을 터득하고,
아낌없이 건네주는 것이 삶의 일부이자,
전체가 되어야만 하는 것을 일깨우자.

인간관계론

'있을 때 더 잘해 줄걸.'
사람은 시간이 깊어질수록,
어딘가에 오래 머물수록
익숙함에 속아 소중함을 잊기 마련이다.

'지금처럼 관계가 완만하게 이어질 줄 알아서',
'좋아하는 사람이 매일 나를 사랑해 줄 것 같아서'
이처럼 모든 걸 당연하게 받아들일 때면
우리는 '안정감'과 조금의 '거만함'이 생긴다.

마음 한편 편안해진다는 게 얼마나 다행인가,
하지만 뒤늦은 후회를 하며 누군가를 그리워하고
미안해한다는 건 지독히 아픈 것이었다.

최선을 다한다고 최고가 될 수는 없지만,
매 순간을 아끼고 소중히 여긴다면
분명 이별의 끝이 슬프지만은 않을 것이다.

처방

"시간이 알아서 다 해결해 줄 거야."

누구나 건넬 수 있는 가벼운 처방의 한마디.
순간 헛된 희망이 되어 마음이 더욱 곪을 때가 있다.

힘든 사람에게 조언을 건네는 건 좋은 일이지만,
'경청'을 해 주며 안아 주는 것이 가장 안전한 위로다.

불안한 사람에게는 털어놓을 곳이 필요하니
마음을 가볍게 해 주고, 눈물이 흐를 것 같을 때
기댈 곳이 되어 주려 하자.

내가 소중한 걸 지키는 방법은
서로의 마음 한편을 나눠 주는 것,
어떤 감정이 스며들지라도 따듯하게 안아 주는 것,

그렇게 점차 서로가 나아져 행복을 바라보며
인연을 유지하는 것이 만병통치약이다.

약속

당신이 나보다 더 일찍 행복해졌으면 해.

내겐 너무나 먼 행복이니
욕심부리지 않고 당신에게 순서를 양도할게.

그간 움츠렸던 만큼, 아팠던 만큼,
고생한 만큼 보다 더 행복하길,
울었던 날은 추억으로 사무치고,
미소가 만개할 순간은 영원하길,
두 손 모아 간절히 염원할게.

고생했어, 아픈 건 아픈 것뿐인데 비교당하고,
눈치 보며 애쓰느라 얼마나 힘들었어.

그 마음 잘 알고, 이해하니까.
푸념을 늘어뜨려도 좋아,
가끔은 속 시원하게 털어놓고 나아갈 때도 있어야지.

앞으로는 더 잘될 테니
미리 걱정하지 말고 당당하게 어깨 펴고 나아가.
누가 뭐라 해도 네 삶의 주인은 너니까.
조연들의 말에 흔들릴 필요 없어.

너만의 삶과 무대를 잘 꾸려 나가,
모두에게 인정받는 인생으로 기록되길 바랄게.

방청객 한 명, 나는 끝까지 손뼉을 치며
당신을 기억하고, 다음에 또 만나길 기약할게,

약속.

잘 살아

내가 너에게 바라는 건
'건강하고 예쁘게 살아가기.' 이거 하나뿐이란다.

그러려면 가끔은 도망치고 숨어도 되니까.
스스로를 몰아세우면서 너무 다그치지 않길.

최선을 다해 행복하게 지내고
자신을 가장 사랑하길 바라.

다음엔 더 힘이 되는 이야기를 건네줄 테니
서로 포기하지 말고 잘 살아가고 있자.

이젠 안녕,

나와 수많은 이야기를 나눴던 그대여.

단 한 번도 의심치 않고 당신을 믿겠다.
분명 더 잘살아갈 거라고,
원하는 걸 이루며 행복해질 거라고
다시 마주할 땐 미소를 건네줄 거라 믿고
이젠 그만 당신을 보내 주려 한다.

건강해라, 소중한 내 사람아.

마지막으로

당신에게 감사하다는 말을 꼭 전하고 싶다.
타인의 이야기를 읽고 듣는다는 게 쉽지 않은 일인데,
나의 글의 마침표를 함께해 줘서 고맙다.

나에게 미소를 안겨 준 만큼 당신의 입가에도
행복이 마음껏 번지길 바란다. 진정 모든 일이
잘 해결되고, 품은 꿈들이 이뤄지길 소망한다.

이 순간이 저물고, 또다시 '어떻게 살아가야 할지'
고민되는 순간이 분명 있을 텐데, 가끔은 본능에
이끌리는 대로 나아갔으면 한다. 믿지 않을 수도
있지만, 당신은 생각보다 더 훌륭한 사람이다.

이 뜻을 이해하기까지 머지않았을 테니 당당하고
떳떳하게 발걸음을 앞으로만 향해라.

이번 책을 통해,
나는 나 자신을 섬세하게 사랑하려고 했다.
'자신'을 사랑할 줄 알아야
'타인'을 더 사랑할 수 있을 테니까.

시간 지나 우리가 서로의 얼굴을 마주 보며
대화를 나눌 날, 당신에게 위로와 부족한 사랑을
아낌없이 건네줄 수 있는 사람이 되겠다.

많은 약속을 한 사이이니,
잘 살아가고 있다가 다시 만나자.

그때까지 져도 괜찮으니
삶을 포기만 하지 말아라.

다시 한번 믿겠다, 우리의 소중한 인연을.

내가 사랑한 것 중에
왜 나만 없을까

개정판 발행일 2025년 03월 05일

1쇄 초판본 발행 2024년 04월 17일
1쇄 개정판 발행 2025년 03월 05일

지은이   산배
펴낸이   이종혁

펴낸 곳   일단
이메일   ildanbook@naver.com
출판등록 2022년 11월 1일 제2024-000020호

ISBN   979-11-988696-3-0(03810)

· 이 책은 저작권법에 따라 보호받는 저작물이므로 무단 전재와 복제를 금지하며, 이 책 내용의 전부 또는 일부를 이용하려면 반드시 저작권자와 '일단'의 서면 동의를 받아야 합니다.

· 잘못 인쇄된 책은 구매하신 서점에서 교환해드립니다.